AF258625

Le Traité de Paix entre l'Espagne et les États-Unis.

Le Traité de Paix entre l'Espagne et les États-Unis.

Aujourd'hui que le débat entre les États-Unis et l'Espagne est suspendu, l'agitation règne dans l'opinion des deux pays, par suite de la discussion de deux questions d'une telle transcendance, non seulement pour les Nations intéressées dans le Traité de paix projeté, mais encore pour toutes celles qui ont avec elles des affinités économiques, que nous ne pouvons résister à l'impulsion personnelle de publier le sentiment dont, en toute indépendance, nous sommes pénétrés.

La partie des négociations connue à l'heure qu'il est, grâce à la presse américaine, intelligente et bien informée, vient faciliter et hâter ce dessein.

Éviter que l'opinion ne s'égare sur des points qui, tout en étant fort clairs, peuvent être défigurés, peut-être dans une intention malsaine, et préciser avec tous les détails possibles les termes vrais des questions débattues, tel est le but unique de ces notes rédigées au courant de la plume et avec l'impartialité naturelle de qui professe une égale sympathie pour le noble vaincu et pour le puissant vainqueur.

La première de ces questions est celle qui a trait à la

reconnaissance et au paiement des dettes coloniales; la seconde a rapport au titre qu'en définitive peuvent faire valoir les États-Unis pour occuper une partie des Iles Philippines.

Nous en parlerons séparément, comme de raison.

I

Les Dettes des Colonies d'Espagne. — Antécédents. — La Guerre.

Il est impossible d'embrasser dans toute son étendue cette partie de la convention projetée, sans préalablement bien établir, pour ne jamais la perdre de vue, l'origine du débat entre les deux pays et comment, par suite de l'inattendu et de la rapidité du succès de leurs armes, les États-Unis se sont vus contraints à mettre en pratique leurs anciens plans d'empire sur la mer Caraïbe.

Les Espagnols affirment qu'il est très vraisemblable, bien qu'ils ne puissent le prouver en toute assurance, que les États-Unis conçurent l'insurrection cubaine qui commença en 1895 et lui donnèrent l'impulsion, mais ils ajoutent qu'il est dans la conscience universelle et qu'il est de plus démontré par les quarante-deux expéditions flibustières qui furent équipées sur son sol et qui partirent de ses ports dans des navires de l'Amérique du Nord, que cette nation a entretenu et encouragé par son constant appui moral et matériel le mouvement militaire des rebelles, mouvement qui, abandonné à ses propres forces, eût été bien vite étouffé.

A dire vrai, il faut reconnaitre que cette affirmation n'est pas dénuée de tout fondement, alors que l'un des derniers Ambassadeurs des États-Unis en Angleterre, l'illustre M. Phelps, a dit à ce sujet dans sa célèbre lettre à l'ex-Vice-Président de la République M. Morton, datée du 28 Mars dernier, qu'avec une vingtième partie de leurs forces maritimes les États-Unis auraient pu tarir l'unique source où la rébellion a puisé les ressources qui lui ont permis de vivre.

Malgré cela, le Gouvernement Fédéral, en tant que Gouvernement, n'a cessé de protester de ses sympathies pour l'Espagne et, bien que, par malheur, les agents officiels ne pouvaient pas toujours éviter les réunions publiques des rebelles, les manifestations flibustières, les enrôlements de gens armés et les départs des expéditions se dirigeant sur Cuba, il est certain que jamais il n'a reconnu la belligérance de ces rebelles, tandis que, aussi bien par ses relations internationales dans différents traités conclus avec l'Espagne, que par l'échange continuel de notes y relatives avec ses agents diplomatiques, il reconnaissait depuis longtemps la nationalité espagnole comme souveraine des Antilles et, ayant comme telle, non pas le droit, mais bien le devoir de réprimer l'insurrection comme une perturbation de l'ordre public intérieur.

Aussi, les États-Unis avertirent, à plusieurs reprises et d'une manière pressante, l'Espagne de la nécessité de rétablir, par la voie des armes et en prenant les mesures militaires qui seraient à sa portée, l'ordre public altéré à Cuba par les insurgés; injonctions dont les Espagnols ont sans cesse affirmé avoir toujours tenu compte à force de sacrifices en hommes et en argent, non seulement dans l'intérêt de l'île, mais encore pour ne pas créer la moindre difficulté dans les relations des deux Puissances.

L'Espagne persista dans ses généreuses intentions, malgré les secours énormes que recevait l'insurrection du pays même qui, d'une manière si impérieuse, réclamait le rétablissement de l'ordre, et, commettant peut-être une erreur manifeste, elle n'exigea pas de réparations pour une telle conduite au Gouvernement Fédéral qui, dans une occasion certes bien connue, reçut de la Grande-Bretagne quinze millions de piastres pour les déprédations de l'*Alabama*, navire qui n'avait été que construit, mais non équipé, ni armé dans ce pays, avec cette particularité, comme le fait remarquer avec justesse M. Phelps dans sa lettre si bien méditée que nous avons citée ci-dessus, qu'en demandant réparation pour ces faits, les États-Unis se fondaient principalement sur ce que le Gouvernement Anglais « n'avait point exercé une vigilance suffisante pour empêcher le navire de lever l'ancre ».

L'Espagne continua à lutter pour le rétablissement de l'ordre, et, alors que l'insurrection cubaine était en plein développement, alors que les États-Unis observaient la quasi-neutralité que nous avons mentionnée, c'est-à-dire conservaient la légalité dans tous leurs actes et déclarations officielles, sans jamais obtenir la répression des faits publics si manifestement contraires au devoir, non pas de tout neutre, mais à celui qu'impose le Droit à une nation amie, comme l'étaient alors les États-Unis qui n'avaient même pas reconnu la belligérance des insurgés, c'est alors disons-nous, qu'ils crurent convenable de préparer leur intervention dans la Grande Antille sous le prétexte, connu de tous et manifesté à plusieurs reprises il y a bien des années, que l'état d'inquiétude et de lutte dans l'Ile nuisait au commerce de l'Union et lui créait des difficultés économiques insurmontables sous peine de graves dommages.

Ce n'est point ici l'occasion d'avérer si les États-Unis se trouvaient ou non dans le cas extrême de propre conservation qui, comme le dit M. Guizot, est le seul que les peuples civilisés et la morale internationale reconnaissent comme base de l'intervention armée, ou d'ingérence dans les affaires intérieures d'un État indépendant dans le but que l'envahisseur lui impose sa propre volonté. Mais ce qu'il y a de certain, c'est que, se fondant sur cette raison et pour des motifs d'humanité en faveur des nommés « reconcentrados », qui, comme le dit l'éminent ex-Ambassadeur M. Phelps dans sa lettre, n'étaient en résumé que des insurgés dont les moyens de subsistance avaient été détruits dans la lutte et qui, vaincus, abandonnaient la campagne, les États-Unis votent la résolution conjointe dans les Chambres Fédérales; elle est approuvée le 20 Avril par le Président de l'Union, et transmise à l'Espagne sous forme d'ultimatum, avec tous les caractères d'une déclaration de guerre.

Et il est bon de dire que cet ultimatum est une déclaration de guerre, car, pour qu'une telle déclaration existe, point n'est besoin de la notifier en termes formels : la pratique internationale et le sens commun reconnaissent que lorsqu'on impose à un État une exigence inacceptable de sa part et qu'à l'effet on le menace de la force, il est évident que l'on déclare la guerre avec toutes les conditions requises pour une semblable déclaration.

En parlant des causes de la guerre, il n'y a pas lieu de mentionner même la malheureuse perte du *Maine*, vu que l'esprit de justice de tous les peuples s'est déjà prononcé et tous repoussent énergiquement la supposition que l'Espagne ait pu contribuer directement ou indirectement à cette catastrophe. Au surplus, les États-Unis l'ont ainsi reconnu implicitement en prenant la sage décision, toute à leur honneur, de ne pas revenir sur une si triste affaire, ni avant ni après la rupture des hostilités.

La loi fédérale de déclaration de guerre, soit la résolution conjointe du 19 Avril 1898, proclame que Cuba doit être libre et indépendante; que le devoir des États-Unis est d'exiger, comme ils le font, que l'Espagne *renonce* à son autorité et gouvernement à Cuba et en retire ses forces de terre et de mer; et que le Président des États-Unis utilisera les forces militaires nécessaires à l'effet. La loi termine par l'importante déclaration 4 qui dit que : les États-Unis n'ayant aucune intention d'exercer la souveraineté à Cuba, ils l'exerceront néanmoins pour sa pacification, affirmant que « une fois qu'elle sera « obtenue, *ils laisseront le domaine et gouvernement de l'Ile* « *au peuple cubain* ».

L'on remarquera ici que les États-Unis ne se préoccupent déjà plus autant ni de l'ordre à Cuba, qu'ils allaient troubler davantage par une autre guerre, ni des considérations d'humanité qui s'accordaient bien mal aussi avec la lutte prochaine.

Dans l'important document dont il a été pris des extraits, est fixé sans aucun scrupule le nouveau rôle que s'attribuent les États-Unis dans la lutte. Ils vont être les libérateurs de l'Ile; ils vont lutter pour elle et en sa faveur; ils vont l'arracher à la souveraineté de l'Espagne. Ceci obtenu, ils vont la pacifier, en se chargeant de son Gouvernement et, une fois l'état normal rétabli, ils vont la remettre au peuple cubain pour qu'il vive indépendant. A cette seule fin, ils se voient forcés d'affronter tous les dangers et les frais d'une guerre et, bien contrairement à leurs convictions, ils doivent oublier la célèbre théorie de la non-intervention, définie le 2 Décembre 1823 par le Président Monroe, qui affirme que le Gouvernement des États-Unis n'interviendra *jamais* dans les affaires intérieures des puissances européennes *ni de leurs colonies d'Amérique*, et se constituent fondés de pouvoirs des insurgés cubains, qu'à partir de ce moment ils défendent et représentent vis-à-vis de l'Espagne aussi bien pendant la guerre que pendant la période actuelle d'armistice ou de paix provisoire.

Le désir des États-Unis en faveur de l'indépendance de Cuba devait être bien grand, alors que sans être importunés et encore moins attaqués par l'Espagne, qui, on le sait, se borna à réprimer la rébellion de ses sujets dans son propre territoire, ils lui déclarent la guerre, oubliant, pour le faire, non plus les pratiques de tous les peuples, mais les doctrines mêmes et les lois de l'Union : car il est su de tous que les États-Unis ont été les premiers à présenter à leur Parlement, dans le but d'éviter la guerre, des propositions de lois en faveur de l'établissement de tribunaux internationaux, chargés de régler les différends qui surgiraient entre les puissances. En 1853, le Sénat Fédéral, et en 1857 le Comité des Affaires Étrangères le décidèrent ainsi, démontrant leur désir d'insérer, dans tous les traités alors en suspens et dans ceux qui se feraient à l'avenir, une clause tendant à ce que tous les différends entre les contractants soient réglés par la voie diplomatique en les soumettant, avant d'ouvrir les hostilités, à l'arbitrage de jurisconsultes éminents.

Ces votes furent renouvelés en 1873 par le Sénat et en 1874 par les deux Chambres et en 1888 on proposa au Président de la République de mettre en jeu son influence pour que tous les Gouvernements ayant des relations avec les États-Unis prennent l'engagement de soumettre leurs différends, après avoir épuisé la voie diplomatique, à un arbitrage, pour les résoudre ainsi de la manière la plus amicale.

Et bien, tous ces précédents sont laissés de côté et, profitant de l'occasion que l'Espagne faisait face à deux insurrections coloniales, toutes deux fort coûteuses et dans les deux mers extrêmes, l'une à Cuba, l'autre aux

Philippines, alors que les Colonies des Antilles avaient obtenu le régime autonomique qui se rapprochait le plus de l'indépendance, la guerre éclate et les actes agressifs de la flotte Yankee commencent vingt quatre heures après l'approbation par le Président de la résolution conjointe du 19 Avril.

On a quelque peu discuté sur ce que le but unique, consigné dans la loi fédérale précitée, étant l'indépendance de Cuba, et ce sol convoité le théâtre naturel des hostilités, les saines pratiques du droit international permettaient que l'Espagne fût attaquée aussi dans ses colonies de la mer d'Orient où les États-Unis cherchent également comme auxiliaire de leurs armes, une rébellion dont ils profitent en l'encourageant.

Une telle conduite pourra s'adapter. plus ou moins au caractère moderne des luttes entre peuples civilisés, mais il est une doctrine sanctionnée par la pratique de la guerre : c'est qu'une fois celle-ci entreprise par un État, il peut attaquer l'autre où et quand il le juge convenable; lui seul décide, en en assumant la responsabilité devant l'Histoire, du lieu et de la forme de l'attaque.

Antécédents. — La Paix.

Tels sont, ne fût-ce qu'indiqués à grands traits, les antécédents connus de la guerre qui a été si funeste pour l'Espagne; examinons comment on en est arrivé à la paix.

Après quatre mois à peine d'hostilités, pendant lesquels il n'y a pas eu en réalité ce que nous entendons tous par lutte, car il est public que les combats n'ont pas donné lieu à ce que le sang coule en abondance, surtout du côté des forces de l'Amérique du Nord, les

États-Unis gagnent deux batailles navales contre des forces dix fois moindres; à Cuba, ils forcent une place de troisième ordre à se rendre, après trois mois de blocus et d'un siège plus ou moins heureux, et ils débarquent sur de vastes plages désertes à Puerto-Rico, qui n'oppose aucune résistance.

En cet état, et grâce à l'intervention de la généreuse France, on concerte un traité préliminaire de paix entre les deux belligérants, signé le 12 Août à Washington pour que, d'accord avec les bases qui ont été établies, le traité définitif soit conclu à Paris.

Ses stipulations sont bien claires et concrètes.

L'Espagne renoncera à sa souveraineté à Cuba. Telle est la *première*. Ainsi s'exécute l'article 1er de la loi fédérale de déclaration de guerre : Cuba sera libre et indépendante.

Dans le Traité préliminaire de paix, aucune autre disposition quant à Cuba, sauf l'évacuation à laquelle a trait l'article 4, et il n'y en a pas parce que cela n'était pas nécessaire; ce qui devra être observé quant à la Grande Antille et sera forcément matière à stipulation dans le Traité définitif, est prescrit et résolu par la loi du 19 Avril, qui engage également les deux parties; l'une, comme émanant de son autorité souveraine; l'autre, comme imposé par la dure loi de la victoire.

Dans ce premier article se trouve atteint le but unique qu'ostensiblement se proposaient les États-Unis. La déclaration de liberté du peuple cubain s'est confirmée par le succès de la campagne; mais ce n'était pas là tout ce que poursuivait la République de l'Amérique du Nord. L'indépendance de Cuba, bien que bornée par le libérateur lui-même à son occupation et domaine préalables, ne comblait pas la mesure de ses succès militaires inespérés; il exigea la cession de Puerto-Rico (envahi et non conquis), celle d'une des Iles Ladrones (également non occupée), qui paraît être celle de Guam et finalement la cession de toutes les autres îles qui appartenaient à l'Espagne et se trouvent enclavées dans la mer d'Occident.

A quiconque connaît la situation topographique de Cuba, entourée et bloquée par de petites îles et des îlots qui, d'après le traité projeté, doivent former partie de la souveraineté absolue de l'Union, il viendra assurément à l'esprit que la vie souveraine et indépendante de Cuba sera toujours surveillée de très près par le voisinage étroit de sa puissante libératrice.

Ce qui précède fait l'objet de la *seconde* stipulation du Protocole, qui ne contient plus que les indications de la marche à suivre, à savoir : la *quatrième* quant à la nomination de commissions mixtes d'évacuation de Cuba et Puerto-Rico et autres îles de la mer des Antilles; la *cinquième*, relative à la rédaction du traité de paix définitif à Paris par les Commissaires des deux Nations; la *sixième*, qui ordonne la suspension des hostilités et qu'avis immédiat en soit donné aux Chefs des forces de terre et de mer, et la *troisième*, que nous indiquons en dernier lieu parce qu'elle a trait à la garantie exigée par le vainqueur pour l'exécution des stipulations indiquées jusqu'ici, et qui se réduit à consigner le fait que les États-Unis occuperont la ville, la baie et le port de Manille jusqu'à la signature du traité de paix, aujourd'hui pendant, et que l'on y établira la forme de Gouvernement des Iles Philippines.

Telles sont les bases du traité qui fait l'objet des conférences, bases qui devront se développer, en tenant compte autant de la lettre du Protocole du 12 Août que de la loi fédérale de la déclaration de guerre du 19 Avril, de l'exécution desquelles il s'agit également. Il est bien entendu que tous les points qui n'ont pas reçu de solution dans ces deux actes, devront la recevoir maintenant, d'accord avec leur esprit et en respectant la libre volonté des deux parties.

Cette liberté dont jouissent actuellement les deux fondés de pouvoirs, provient de la forme sous laquelle la lutte s'est terminée. Le droit des gens ne reconnaît que trois manières de mettre fin aux guerres : par la cessation des hostilités, par la soumission de l'un des belligérants, soit par sa déroute complète (*deditio*) et au moyen d'un traité. C'est de cette dernière manière que l'Espagne et les États-Unis ont décidé de mettre un terme au débat, et, comme le sens juridique de *traité* entraine forcément l'idée qu'aucun des deux contractants ne doit rester soumis à la dépendance exclusive de l'autre, il est indiscutable que les deux parties ont liberté absolue pour traiter sur tout ce qui n'est pas préalablement résolu et accepté par elles.

Comment définir, en les articulant, les deux volontés ?

C'est une tâche bien aisée. — Les États-Unis auront le domaine et exerceront la souveraineté de toutes les îles de la mer des Antilles ; sur les unes, avec un caractère définitif; sur l'autre, avec un caractère provisoire. Les paroles du Protocole et de la résolution conjointe ne se prêtent pas à des interprétations.

L'Espagne cédera aux États-Unis l'île de Puerto-Rico et les autres îles qu'elle possède dans la mer d'Occident, qui sont celles qui entourent Cuba en majeure partie. Cette cession est la grasse indemnité que calculent les États-Unis pour tous les frais et pertes d'une guerre qu'eux seuls ont provoquée.

L'Espagne renoncera à sa souveraineté sur Cuba : l'article 1er du Protocole ne dit pas autre chose et, néanmoins, le verbe renoncer exige l'idée corrélative de « en faveur de qui ». Il n'y avait pas besoin qu'il le dise.

En faveur du peuple cubain, qui doit être libre et indépendant : mais en passant d'abord sous la domination et le gouvernement des États-Unis, qui devront pacifier l'Ile et l'accompagner ainsi au concert universel des Nations souveraines. Tel est le texte de la dernière partie de la loi fédérale de déclaration de guerre qui, comme il a été dit, engage également les deux parties.

Les États-Unis ne laisseront pas au peuple cubain le Gouvernement et la domination de l'île tant qu'elle ne sera pas pacifiée, dit la résolution conjointe du mois d'Avril. — Il est naturel que pour le laisser alors, il faut qu'ils le prennent maintenant, ne fût-ce qu'au nom et comme représentants du peuple qu'ils vont pacifier et protéger d'une manière si désintéressée.

Ainsi s'explique la différence de verbes employés dans les deux articles du Protocole et qui répondent à une même idée, bien que les circonstances de chacun d'eux aient obligé les Hautes Parties contractantes à employer des locutions différentes. Mais il y a encore une autre explication plus claire, si possible, de ce que l'emploi de ces deux verbes différents répond nécessairement à une seule fin égale pour tous les territoires que possède l'Espagne.

Cuba était en guerre, les insurgés disputaient à l'Espagne la souveraineté de l'île; il existait un débat sur ce droit. L'Espagne n'avait donc point besoin de *céder*, mais il lui suffisait de *renoncer* à la souveraineté dont elle jouissait, car il existait une personnalité certaine qui la réclamait les armes à la main, à un titre plus ou moins légitime. Puerto-Rico et les autres Iles jouissaient d'une paix complète, personne ne contestait leur domination: la *cession* était indispensable, il ne suffisait pas de la *renonciation* à un droit que personne n'avait jamais réclamé.

De là la différence des deux locutions, bien appropriées

certes à chaque cas, pour que toutes deux, en pratique et aux effets voulus, soient entièrement égales.

L'Espagne renonçant à la souveraineté sur Cuba, on savait d'ores et déjà en faveur de qui elle devait le faire. En faveur du peuple cubain qui la réclamait et, par conséquent, actuellement, en faveur de son représentant, défenseur et allié pour la guerre et pour la paix. Il n'y avait pas besoin de dire davantage. Par contre, si l'on eût dit la même chose au sujet de Puerto-Rico et autres îles, on n'aurait pas su d'une manière certaine en faveur de qui était faite la renonciation, vu que personne n'en disputait la souveraineté. C'est pour cela qu'il fallut ajouter à l'article 2 du Protocole : l'Espagne les cédera *aux États-Unis d'Amérique.*

Nous ne croyons pas que ceci ait donné lieu à la moindre discussion pour personne et surtout pour les Nations contendantes.

Si, par hasard, l'Espagne eût émis un doute, pour créer des difficultés à la renonciation de Cuba, parce que le Protocole ne disait pas en faveur de qui elle devait se faire, elle ferait preuve d'une mauvaise foi manifeste. Si, au contraire, les États-Unis, se basant sur la même raison, rejetaient l'acceptation pour eux ou pour le peuple cubain de la souveraineté renoncée, ils donneraient lieu à des interprétations qui n'auraient certes rien de favorable pour leur renommée bien connue.

Dans ce cas, l'on pourrait supposer que les États-Unis esquivaient, par ce moyen, l'exécution d'engagements auxquels forcément ils doivent faire face, soit en leur propre nom, soit au nom d'autrui.

Cherchent-ils par hasard à ce que l'Espagne renonce, sans autre effet, à sa souveraineté sur Cuba, en faveur d'une entité indéterminée et sans qu'il soit fait mention dans le Traité d'aucune garantie pour ce même peuple plus ou moins ingrat, mais né d'Espagnols et qui est la dernière représentation dans les Antilles de la race latine? — Ne doit-on pas non plus inclure et l'engagement de la part des Etats-Unis de remettre au peuple cubain, lorsqu'elle sera pacifiée, l'île qu'ils reçoivent maintenant, et le droit corrélatif de l'Espagne d'exiger cette remise lorsqu'arrivera ce délai? — Prétend-on par hasard empêcher ainsi dans le Traité la création de liens ou de relations entre l'Espagne et les Etats-Unis, et entre ceux-ci et Cuba, dans le but de laisser au Gouvernement américain liberté absolue d'agir à l'avenir et de compléter à sa guise son programme de domination sur la totalité des Antilles?

Tels sont les doutes auxquels donnerait lieu une attitude aussi anormale. Nous ne pouvons pas supposer que les Etats-Unis se soient refusés à accepter en leur propre nom et pour la transmettre au peuple cubain, la souveraineté à laquelle renonce l'Espagne en exécution de l'Article premier du Protocole et de la loi fédérale de déclaration de guerre : cela équivaudrait à ne pas accepter ce qu'ils ont demandé avec tant de persistance, ce qui, en un mot, a été le but unique de la guerre qui a commencé le 20 Avril dernier.

En fait et en droit, il est impossible qu'un pays renonce à sa souveraineté sans qu'un autre ne l'acquière. L'Espagne renonçant à la souveraineté sur Cuba, cette souveraineté ne peut rester sans maître : elle devra forcément passer au peuple chez lequel elle réside.

Et les Etats-Unis étant les représentants du peuple cubain, inévitablement, que cela soit ou non dit dans le Traité, c'est à eux que doit passer cette souveraineté, qu'au surplus ils devront nécessairement exercer, si le texte de leur résolution conjointe à savoir : qu'ils cherchent à pacifier l'Ile pour ensuite la remettre à son véritable souverain, doit être une vérité.

La question ainsi placée sur son terrain naturel, il résultera : 1° Que l'Espagne renonce à sa souveraineté sur Cuba et 2° Que cette souveraineté passe forcément aux Etats-Unis soit pour eux, soit comme représentants du peuple Cubain.

Du reste, les faits le démontrent ainsi. Le Protocole de Washington ordonne la *remise* de Cuba aux Etats-Unis, qui devront la recevoir par l'intermédiaire de leurs Commissions mixtes nommées à l'effet, et il est su de tous qu'il y a longtemps qu'elles se trouvent dans l'Ile accomplissant leur mission.

Et si cela ne suffisait pas, il n'y a qu'à ajouter que, sur le seul point que jusqu'à présent il occupe, Santiago de Cuba, le Gouvernement Fédéral remplit toutes les fonctions inhérentes au Souverain. Il est ainsi démontré d'une manière irréfutable que la souveraineté et la domination de l'Espagne passent et ont déjà passé en partie aux Etats-Unis, soit en leur propre nom soit au nom du peuple qu'ils ont cherché à affranchir.

Le traité de paix et les dettes.

Le développement, dans la pratique, de cette première hypothèse relative au changement de souveraineté, amène naturellement à présenter et résoudre le problème qui constitue la première des questions qui font l'objet de ces quelques notes : la reconnaissance et le paiement des dettes de toute classe qui grèvent actuellement les Trésors coloniaux et qui sont annexes aux biens et aux droits auxquels l'Espagne renonce.

Nous présenterons la question avec la franchise et l'impartialité que nous avons employée jusqu'ici, dans l'espoir de bien démontrer le devoir inéluctable qu'a la souveraineté renoncée de prendre à sa charge toutes les

dettes qui lui sont annexes et qui lui ont été légitimement imposées par la souveraineté renonçante.

A l'appui de cette affirmation existent : 1° Les principes fondamentaux du Droit International et la saine doctrine juridique de ses plus éminents auteurs ; 2° La pratique constante de toutes les Nations qui, en traitant avec d'autres, ont respecté leur renommée et n'ont pas voulu commencer leur vie internationale par une spoliation ; 3° Le caractère spécial des dettes qui pèsent aujourd'hui sur les Iles renoncées et sur les Philippines ; et 4° Les circonstances vraiment exceptionnelles dans lesquelles ces territoires doivent passer au pouvoir des Etats-Unis.

Nous nous occuperons séparément de chacun de ces points :

I. — Le principe de droit naturel, *res transit cum suo onere*, a été appliqué par les plus éminents auteurs de traités de droit international à tous les cas dans lesquels la souveraineté change, que ce changement provienne de la cession ou renonciation convenues par un traité de paix, ou qu'il soit la conséquence de la conquête.

L'éminent professeur à l'Université de Berlin, A. G. Heffter, suivant en cela l'opinion de Grocio, Pufendorf, Wheaton, Leonardi, Blumschli et Phillimore, dit textuellement (Le *Droit international d'Europe*, Berlin, 1883, paragraphes 25 et 72) : « Le domaine public avec les « charges qui le grèvent appartient, après la dissolution « d'un État, à celui qui lui a succédé. C'est ce qui fait « dire que le fisc nouveau succède, à titre universel, « non seulement aux droits mais aussi aux obligations « de l'ancien. Dans les cas de démembrement, les par- « tages s'opèrent proportionnellement à la part de cha- « cun. » Ces principes de droit public ont été appliqués par les facultés de droit de Kiel et de Breslau dans la célèbre affaire des domaines de la Hesse Électorale (1883).

« Les charges qui grévaient un territoire cédé (pour-
« suit le savant auteur) continuent à subsister sous le
« nouveau maître. Personne, en effet, ne peut conférer
« à un autre plus de droits qu'il n'en possède lui-même,
« ni par ses actes porter préjudice aux droits d'un tiers.
« Si la cession ou l'aliénation a pour objet une portion
« du territoire, les charges qui grévaient le territoire
« entier sont réparties, à défaut de stipulations contraires,
« entre les différentes parties que l'on formera, à l'excep-
« tion des charges indivisibles parmi lesquelles l'usage
« diplomatique ne comprend pourtant pas les dettes dites
« *hypothéquées*. »

Il convient à nos fins de citer ici ce que le même auteur, d'accord avec tous ceux qui ont traité le même sujet, entend par « dettes hypothéquées ».

Il décrit dans son paragraphe 71 les moyens d'aliéner le domaine public que le droit reconnait au Souverain, et en troisième lieu indique l'hypothèque ou affectation de ces terrains publics, très usitée dans les temps passés et dit :

« Mais les usages internationaux ont remplacé ces
« sortes d'engagements par *l'affectation spéciale de certains*
« *biens ou revenus au payement des emprunts contractés*
« *par l'État*, affectation qui, pour être efficace, doit être
« faite conformément aux lois de l'État qui l'impose. Le
« langage diplomatique comprend même sous la déno-
« mination de dettes hypothéquées celles contractées au
« profit d'un pays ou de certains districts et il n'entend
« par là que l'engagement permanent qui les grève, sans
« ajouter aucunement la signification d'une hypothèque
« civile ». Cette même théorie est exposée et appliquée par D. Haas. (Distribution des Dettes des États, Bonn,

1831.) Leonardi et Emminghaus (Corps du Droit germanique.)

Une autre autorité en la matière, Martens, Professeur à l'Université de Saint-Pétersbourg, émet sur cette question une doctrine semblable. (Droit international, tome I, page 369) :

« Quand un État s'est annexé un territoire étranger
« (dit-il), il prend sur son compte les dettes actives et
« passives du territoire annexé. En matière de droit
« international *il n'y a pas de succession sous bénéfice*
« *d'inventaire*. L'État qui hérite ne peut pas établir comme
« condition qu'il n'accepte que les engagements qui
« figurent à l'actif. Il faut qu'il accepte toutes les obliga-
« tions de l'État annexé. Il doit prendre à sa charge le
« paiement des dettes et de leurs revenus et faire fonc-
« tionner l'amortissement, conformément aux lois qui
« régissent la matière. »

M. Rivier, professeur à l'Université de Bruxelles et l'une des plus respectables autorités modernes en droit international, se prononce en faveur de cette doctrine d'accord avec Cabouat (*des Annexions de territoire*), Selosse, Appleton, Alessandro Corsi, Martens déjà cité, Hartman, Calvo et Fiore qui la soutiennent également. Néanmoins, un groupe peu important d'auteurs diffèrent de l'opinion de la majorité, quant à la part proportionnelle des dettes appelées nationales; ce groupe soutient que tant que l'État démembré conserve son identité, soit dans le cas de transfert à un autre État d'une province, soit que cette province se rende indépendante, la Dette nationale continue à peser intégralement sur l'État qui conserve sa personnalité.

Ces auteurs se basent, pour soutenir cette doctrine, sur le caractère essentiellement personnel des obligations.

En appliquant, comme ils le font, aux Nations les règles du droit civil, il n'y a pas de doute que la personnalité ne change pas, ne perd pas son caractère comme telle, et les obligations qui lui sont inhérentes ne diminuent pas par suite de l'aliénation de tout ou partie des biens patrimoniaux.

Indépendamment qu'un tel aspect de la question n'est point applicable aux colonies espagnoles, comme on le verra plus loin, l'erreur de ces auteurs est manifeste.

Ils supposent que l'État est chose ou entité distincte de la Nation, alors que le premier n'est autre chose que la vie publique et la personnification de la seconde; par conséquent, sa personnalité s'altère, l'identité ou intégrité de l'État ne continue pas lorsque la Nation souffre des démembrements importants.

Les auteurs qui soutiennent cette doctrine sont : Hall, Chrétien et Dudley-Field et, néanmoins, la virtualité du principe précédemment exposé s'impose de telle manière que Hall même reconnaît que « lorsqu'une partie de la « Nation se rend indépendante, elle a le devoir, *moral* « sinon *légal*, de payer une partie proportionnelle des « dettes que l'État primitif a contractées avec le caractère « de dettes nationales. »

Le publiciste de l'Amérique du Nord, David Dudley-Field qui, comme nous l'avons dit, appartient à ce groupe, ne peut moins que se contredire et, dans les premières lignes de son « *Code International* » il dit (paragraphe 23, chapitre III) que : « Lorsqu'une partie du territoire d'une « Nation est annexée par cession ou d'une autre manière « au territoire d'une autre Nation, celle-ci acquiert de ce « fait toutes les obligations qui incombaient à l'annexée, « pour tout ce qui a trait au territoire cédé ».

Il est donc démontré que la doctrine juridique en la matière est la suivante :

« A la souveraineté sur tout ou partie d'un État, soit par droit d'acquisition d'une autre Nation, soit par droit de conquête du peuple émancipé, est uni le devoir de reconnaître et payer les dettes locales qui pèsent d'une manière légitime sur le territoire cédé ou déclaré indépendant; les dettes hypothéquées imposées sur des biens déterminés et sur leurs revenus ou la part proportionnelle des dettes de la Nation appartenant *pro rata regionis* à la portion que perd l'État démembré ».

Le contraire serait entrer dans la vie internationale en sanctionnant par la force une spoliation. Aussi le grand Neumann dit-il dans son immortelle *Etude politique sur les Nations* : « L'émancipation politique d'un peuple est « un fait historique que le droit des gens légitime, lors- « qu'elle se produit sans blesser les droits d'autres États « et lorsque la portion séparée acquiert une vie indépen- « dante et sûre en entrant à son tour dans la commu- « nauté internationale en assumant une part propor- « tionnelle des obligations de l'ancien État. »

Nous terminons ici, sans autre commentaire, l'exposé du droit constituant. Nous nous proposons de démontrer également que le droit positif international a sanctionné, dans la pratique, les mêmes principes.

II. — Ces préceptes du droit public, dont le caractère éminemment démocratique et civilisateur ne passe ina-perçu pour aucun esprit éclairé, ont été scrupuleusement respectés par l'Empereur Napoléon lorsqu'il signa, comme Membre du Directoire, le Traité de Campo-Formio, le 17 Octobre 1797 et plus tard ceux de Lunéville et Paris, approuvés respectivement le 9 Février et le 24 Août 1801. Dans ces trois Traités, de même que dans tous ceux qui ont servi d'instruments à la paix européenne après les guerres Impériales et furent conclus aux termes du

Congrès de Vienne, il est établi que toutes les dettes hypothéquées ou locales et imposées sur les territoires qui changeaient de souveraineté ou devenaient États indépendants, seraient reconnues et payées par le nouveau Souverain.

Le Congès cité qui, sans nul doute, a été l'acte international qui a donné lieu au plus de changements de souverainetés dans l'Europe moderne, a consacré d'une manière impérissable ce principe d'éternelle justice en disant dans son article 21 (Acte du 30 Mai 1814) : « Les « dettes spécialement hypothéquées à leur origine sur les « pays qui cessent d'appartenir à la France ou contractées « par leur administration intérieure, restent à la charge « de ces pays ».

Toutes les Nations qui développèrent dans des Traités partiels les conventions du Congrès, appliquèrent cette loi et, bien que les quatorze Traités qui furent signés la contiennent intégralement, ce pour quoi nous nous dispensons de les insérer, nous ne pouvons nous abstenir d'appeler l'attention sur l'article 9 du Traité partiel n° 4, celui de la Prusse et de la Saxe, conclu à Vienne le 18 Mai 1815. Il dit comme suit : « Les dettes spéciale- « ment hypothéquées sur les provinces qui passent ou « restent en entier sous la même domination, seront entiè- « rement à la charge du Gouvernement auquel ces pro- « vinces appartiendront. Quant à celles affectées aux « provinces dont une partie reste au Roi de Saxe, ainsi « qu'à celles qui appartiennent au Royaume en général, « il est établi ce qui suit :

« On distinguera les dettes à l'acquittement desquelles « soit pour le capital, soit pour les intérêts, certains « revenus ont été spécialement assignés de celles où ce « cas n'existe point. Les premières suivront ces revenus, « de façon que la proportion dans laquelle ceux-ci seront

« perçus par chacune des parties démembrées soit aussi
« celle dans laquelle ils entreront dans les caisses de
« chaque Gouvernement souverain ».

L'article continue en établissant des règles de proportion pour la répartition des dettes auxquelles n'est point
assignée une garantie spéciale et il termine en ces termes :
« Les gages ou garanties qui se libéreront moyennant le
« remboursement des Dettes auxquelles ils étaient affectés,
« feront retour à la province à laquelle ces gages appar-
« tenaient ».

Il est impossible de préciser avec plus de détails
l'application de la doctrine juridique qui a été exposée
dans le paragraphe précédent.

En acquérant le complément de son existence auto-
nome, le Danemark prit à sa charge la partie de la Dette
Publique qui incombait à son territoire et qu'avait créée
le Roi de Suède avec qui il traitait le 14 Janvier 1814, de
même qu'il prit l'engagement de payer la Dette Publique
contractée par la Chambre Royale de Poméranie, comme
devant à l'avenir être Souverain de la Poméranie suédoise
(Articles 6 et 10).

Plus tard, par l'article 13 du Traité signé en 1839
entre la Belgique et la Hollande, la première s'engageait
à payer 5 millions de florins de rente annuelle pour la part
des dettes hollandaises contractées en 1815 et 1830.

En vertu du Traité de Zurich de 1859, la Sardaigne
prit à sa charge une partie de la dette austro-lombarde
et une partie considérable de l'emprunt national de 1854 ;
une partie aliquote de cette dette passa à la France lors
de l'acquisition de Nice et de la Savoie le 23 Août de l'année 1860.

Le Traité signé à Vienne par le Danemark, l'Autriche et
la Prusse le 30 Octobre 1864, répartit la dette publique du
Danemark entre cette Nation et les Duchés, ceux-ci sti-

pulant spécialement (Art. 17) que le nouveau Gouvernement succède dans tous les droits et obligations dérivant
de contrats légalement stipulés par le Roi de Danemark.

C'est sur les mêmes bases qu'est concertée la dette
Pontificale entre la France et l'Italie le 7 Décembre 1866,
et, dans la convention par laquelle le vaincu a été traité
avec le plus de dureté, le 10 Mai 1871, surgit entre l'Allemagne et la France, une question analogue à celles qui
préoccupent actuellement l'opinion.

Le Prince de Bismark exige que le Gouvernement
français libère les charges qui pesaient en faveur de tiers
sur le chemin de fer qui traversait les territoires cédés,
dette locale de celles qui sont comprises dans le groupe
dont nous nous occupons et, malgré l'attitude du vainqueur, on en arrive à une entente par l'article 21 du
Traité. Par cet article, l'Allemagne s'engage à payer la
somme de 325 millions à la France qui prend sur elle de
libérer les charges susdites.

Le dernier Traité conclu en Europe, celui de Berlin,
en 1878, laisse à la charge de la Bulgarie, du Monté-
négro et de la Serbie, dont la première acquiert de la
Turquie son indépendance et les deux secondes étendent
leur territoire, le paiement de la dette ottomane appartenant dans une proportion équitable à chaque partie séparée (Art. 9, 33 et 42).

Nous compléterons cette légère esquisse de la conduite
de l'Europe touchant un point aussi essentiel, par deux
faits, certes très significatifs et qui viennent corroborer
le respect qu'a toujours inspiré au conquérant le plus
cupide l'efficacité des dettes imposées sur des territoires
qui changent de souverain.

Par l'un d'eux, nous démontrerons qu'alors même que
la dette ait été créée par un usurpateur ou par un occu-

pant " manu militari ", elle devra être respectée par le Monarque qui recouvre sa souveraineté légitime.

En effet, après la destruction du royaume de Westphalie, qui avait duré sept ans et qui avait été créé par Napoléon pour son frère Gérôme moyennant la réunion de divers Etats entre lesquels se trouvait la Hesse Electorale, l'Electeur ne put, lors de la reprise de ces Etats, faire prévaloir sa prétention de ne pas payer les dettes contractées par le Gouvernement antérieur (Martens, tome III, page 313, ouvrage cité).

Le second fait corrobore la doctrine du précédent.

La Prusse (sans céder à des sollicitations étrangères ni même aux considérations que mérite l'opinion d'autrui pendant l'élaboration d'un traité), lors de la destruction au moyen de sa célèbre loi du 22 Septembre 1866, de l'indépendance du Hanôvre, de la Hesse Electorale, du Duché de Nassau et de la Ville de Francfort-sur-le-Mein, se déclara dans cet acte volontairement responsable des dettes de toute espèce qui auraient été contractées par ces Etats pendant leur vie indépendante (Martens, tome I, page 370).

Les Colonies espagnoles en Amérique qui, grâce à leur propre impulsion, ont conquis leur liberté, ont reconnu, sans exception, la dette qui leur incombait et qui avait été créée par l'Etat souverain en vertu des lois qui l'y autorisaient, comme on peut le voir dans les onze traités qui furent signés à cet effet de 1836 à 1870.

Les Etats-Unis ont partagé jusqu'ici cette opinion. En examinant avec attention toutes leurs conventions ou Actes d'Union depuis celui de la Caroline du Nord et Rhode-Island en 1790 jusqu'à celui du Colorado en 1875, nous observerons avec M. Nolte (*Histoire des Etats-Unis*) que, dans tous ces actes, on a eu le plus grand respect 'pour les contrats stipulés et obligations contractées par la

Colonie ou Etat qui entrait dans l'Union, en vertu du principe consigné dans leur Constitution, dont l'article 7 établit que : " Toute dette contractée, promesse ou contrat fait (par un Etat quelconque) sera valable contre les Etats-Unis ".

Et il fallait qu'il en fût ainsi. Depuis bien longtemps déjà, la loi internationale, sinon la loi morale, qui lui sert de base, s'imposa au Gouvernement de l'Union.

Le Président Tyler, dans son célèbre Message aux Chambres de 1844, disait au sujet de la soi-disant annexion du Texas :

« Nous ne pouvons pas *honorablement* prendre les « terres sans prendre à notre charge le paiement *complet* « de toutes les dettes qui pèsent sur elles. »

Il n'y a pas de doute que le Gouvernement Fédéral n'a jamais oublié ces paroles, car, bien que dans le Traité d'annexion du Texas, il ne soit pas fait mention d'une façon catégorique de ce que les États-Unis s'engageaient au paiement de ses dettes qui s'élevaient alors à plus de 10 millions de piastres, il est certain qu'ils renoncèrent en faveur du pays annexé à la propriété des terres libres qui, d'après la loi de la République, appartenaient de droit à l'État, afin que le Texas fit face au paiement de ses dettes.

Ceci est déjà une reconnaissance indirecte, mais il y a plus encore. Aux réclamations des créanciers du Texas qui n'étaient pas remboursés parce que les terres ne suffisaient pas à cet effet par suite de la lenteur de son mouvement commercial, le Congrès de l'Union répondit en votant en leur faveur 7 millions et demi de piastres (25 Février 1855) dont le paiement fut complété par décision des Chambres (Septembre 1859, 5 U. S. *Stato at Large*, 797).

Chose digne de remarque : bien que cela ne résulte pas clairement de l'Acte *ad hoc*, le Texas n'a pas renoncé, à l'heure qu'il est, alors que toutes ses dettes ont été payées, à ses prétentions sur des frontières déterminées avec les États-Unis.

La brièveté de ce travail nous empêche d'insister, comme nous le désirerions, sur ce point spécial, en citant quelques-uns des raisonnements des créanciers devant le Parlement; ils se réduisent à appliquer le principe qui a été développé dans le paragraphe Ier. Mais ce qui a été dit suffit pour comprendre que les États-Unis, même en s'y refusant dans le principe, durent s'engager dans la voie que leur avait tracée leur Président Tyler.

C'est pour cela sans doute que, dans un fait récent dans lequel intervint à titre d'arbitre la République de l'Amérique du Nord, lorsque se terminèrent à Ancon les différends entre le Chili et le Pérou, après la déroute de ce dernier, le Département des Affaires Étrangères de l'Union décréta que le Chili devait respecter et remplir toutes les obligations qui pesaient sur les terrains qu'il acquérait et qui leur avaient été imposées par la loi péruvienne.

La paix avec le Mexique, signée le 20 Février 1848, n'est autre chose que la confirmation de la même conduite. Par les articles 13 et 14 du Traité, les États-Unis s'engagent à payer les dettes du Mexique, reconnues dans les Conventions de 1839 et 1843 en faveur des sujets des deux pays, en y ajoutant le montant, sans limitation aucune, des réclamations pendantes ou qui se produiraient avant la signature du Traité. Le montant payé en cette occasion de ce chef ne résulte pas de la Convention, bien qu'on ait des données pour supposer qu'il s'éleva à environ 15 millions de piastres. Ce qui appert de l'article 15, c'est que, rien que la dette reconnue en faveur des Mexicains par la Convention précitée de 1843, s'élevait à

3 millions 1/4 de piastres que les États-Unis prirent l'engagement de payer, et qu'ils payèrent à bref délai.

De tout ce qui a été dit jusqu'ici, peut-être avec trop de détails, il résulte que dans tous les cas, soit par conquête, soit par convention pacifique, soit par soumission absolue, soit en contractant en son propre nom, soit en le faisant au nom d'autrui, que le changement de souveraineté provienne de la volonté plus ou moins libre de deux parties ou que, finalement, il doive son origine à la volonté de l'une d'elles exprimée par une loi, que les dettes aient été imposées par la souveraineté légitime ou par celle usurpée, la pratique a toujours consacré le devoir pour le nouvel État de reconnaître et de payer les dettes imposées par l'antérieur sur le pays objet de la transmission ou en sa faveur.

III. — En suivant l'ordre que nous nous sommes tracé, voyons si les dettes coloniales d'Espagne et en particulier celles de Cuba, réunissent ou non tous les caractères que la doctrine émise exige pour leur reconnaissance et leur paiement.

(*a*). — Dans leur origine elles doivent être légitimes, c'est-à-dire créées en conformité des lois de l'État qui les contracte.

(*b*). — Quant à leur but, elles doivent s'appliquer à des fins utiles et aux besoins du pays qui devra les payer.

(*c*). — Quant à leur nature, elles peuvent être nationales sans garantie déterminée, ou hypothéquées lorsque des revenus ou produits déterminés du territoire auquel on renonce sont spécialement affectés au paiement de leur capital et de leurs intérêts.

(*a*). — Nous ne croyons pas que l'on n'ait jamais mis en

doute la souveraineté de l'Espagne et de son Gouvernement sur l'Ile de Cuba et autres Antilles qu'elle perd maintenant. Les États-Unis eux-mêmes la lui ont toujours reconnue, comme nous l'avons indiqué en lieu opportun. D'où il résulte que, comme tel souverain, l'État Espagnol a eu, non pas le droit, mais bien le devoir de contracter toutes les dettes nécessaires pour la bonne administration, le progrès et la prospérité de ses sujets, toutes choses qui constituent les principales, sinon les uniques fins de la souveraineté.

C'est ainsi qu'elle l'a toujours fait en se soumettant à toutes les formalités établies par les lois de la Monarchie et d'accord avec les principes constitutionnels les plus purs.

Les liquidations de toute sorte de dettes de l'Ile, leur amortissement, leur conversion et leur création, ont été, c'est un fait avéré, autorisés par des lois votées par les Cortès, où les Antilles ont été représentées au complet : ces décisions du pouvoir législatif souverain ont été mises en pratique, moyennant des Décrets royaux émanant du Pouvoir Exécutif, le tout aux termes de la Constitution espagnole.

C'est ainsi que nous voyons que l'on décrète la liquidation des dettes du Trésor cubain par une Loi du 5 Juin 1880.

Par la loi du 7 Juillet 1882, l'on crée une petite dette amortissable à 3°/₀ pour convertir l'antérieure. L'on décrète et réalise la première émission de la dette hypothécaire garantie par des revenus coloniaux déterminés dont il sera parlé plus loin, en vertu de la loi du 13 Juin 1885 et Décrets royaux du 10 Mai 1886.

Par une loi du 18 Juin 1890, l'on ordonne la seconde émission de cette espèce de dette, afin de convertir une partie de la précédente et de payer le déficit de budgets antérieurs et à venir : l'émission est mise en pratique par des Décrets royaux du 27 Septembre 1890.

Les lois du 6 Août 1893 et 11 Juillet 1894 autorisent la négociation de ces billets pour combler les déficits de budgets antérieurs.

L'insurrection de 1895 éclate et le 29 Mars le Gouvernement recourt aux Cortès, de qui il obtient un crédit illimité pour réprimer la rébellion. Et, après avoir épuisé toutes les ressources qu'avait produit l'émission de 1890 (lois des 14 et 28 Juin 1895, 28 et 29 Juin 1896), l'Espagne fait le sacrifice d'engager ses propres revenus pour la campagne. Autorisée par la loi du 10 Juillet 1896, elle émet et négocie les obligations sur ses Douanes par Décrets royaux des 5, 9 et 20 Novembre de la même année, 7 Mai 1897 et 7 Janvier 1898. Finalement, le Décret royal du 2 Avril de cette année crée pour Cuba une faible quantité de dette sur divers revenus de la Péninsule.

L'ordre public ayant été altéré aux Iles Philippines, le Gouvernement est autorisé, par la loi du 10 Juin 1897, à émettre la dette hypothécaire avec garantie spéciale des douanes de l'Archipel, dette qui pèse sur celui-ci ; l'émission convenue se fait au moyen des Décrets et Ordres royaux des 28 Juin, 23 et 25 Juillet de la même année.

Telle est l'énumération des textes légaux qui forment la base des dettes coloniales d'Espagne et une partie de la Dette Nationale qui a été appliquée pendant cette dernière époque au maintien de l'ordre à Cuba et aux Philippines. Quelqu'un peut-il dire que ces dettes n'aient point été légitimement créées ?

L'ignorance ou la mauvaise foi allégueront peut-être, en cherchant à s'appuyer sur la façon déplorable de méconnaître tout ce qui a trait à la vie publique d'Espagne et, en particulier, de ses colonies dans la mer Caraïbe, que ces dettes n'ont point été créées légitimement, parce que la Colonie n'est pas intervenue *directement* avec sa voix et son vote dans leur constitution et émission, mais, que loin de là, elles lui ont été imposées de vive force par la Métropole et ses Autorités.

Bien qu'il s'agisse d'un argument terre à terre, puisé uniquement dans les racontars de journaux sans autorité ni prestige, il est bon de bien établir qu'il s'appuie sur une fausseté; fausseté assurément dangereuse, vu que, à l'abri des principes démocratiques, elle cherche à pénétrer dans quelques intelligences qui accueillent, sans examen préalable, les déclarations que, parfois, guide l'intérêt ou la calomnie.

Nous faisons abstraction des dettes ayant un caractère public qui ont pesé sur les Colonies espagnoles antérieurement au régime constitutionnel et de celles qui pèsent actuellement sur les Philippines, dettes qui furent imposées ou créées par les Autorités spéciales de chacune d'elles, autorités qui, par le fait de l'être, assumaient et représentaient ainsi le pouvoir central comme gouvernement et la souveraineté suprême de l'Ile.

Les autres dettes qui pèsent actuellement à Cuba sont venues remplacer les anciennes dans le système financier espagnol moderne; elles proviennent, soit d'une décision solennelle du pouvoir législatif prise par les Cortès et avec toutes les formalités constitutionnelles, soit d'une disposition des Autorités locales. Dans les deux cas, le Droit public enseigne que la Colonie elle-même est intervenue dans l'imposition des susdites obligations, soit aux Cortès, où elle a été représentée par ses Députés ou Sénateurs, soit à Cuba également représentée par ses Autorités légitimes, locales ou déléguées par le Souverain; qu'elle a établi, conformément à la loi, les charges dont nous parlons maintenant.

Et que l'on ne dise pas que tel Député ou Sénateur s'est opposé à la création des dettes, en se basant sur tel ou tel motif, car, ce qu'il y a de certain, c'est que personne n'a jamais protesté au nom de Cuba et que l'émission en a été résolue par les Cortès à la majorité absolue, ce qui constitue la vérité légale dans le système représentatif. Pendant la discussion on peut émettre les opinions que l'on veut; une fois qu'une résolution a été votée, le vote est l'unique loi revêtue de toutes les conditions nécessaires pour être une et incontestable.

Sur quoi donc se basent ceux qui disent que dans la création de ces dettes, Cuba n'a eu ni voix ni vote? Qu'entendent-ils par Cuba? Comment devait-on consulter son vote et entendre sa voix? Dans le seul but de créer des dettes, ce qui, en somme, n'était autre chose qu'une fonction propre de la souveraineté, l'on n'allait pas modifier le système politique de la Nation. On l'entendit, sans réserves, de l'unique manière qu'établit la loi espagnole, et on recourut à son vote entièrement libre dans la forme, également unique, dans laquelle elle pouvait l'émettre.

Prétend-on que pour que les dettes soient reconnues en droit comme légitimement imposées, il est besoin qu'en les créant l'État souverain s'adapte aux pratiques du peuple qui pense s'annexer, dans l'avenir, la colonie, ou à celles du régime politique que, dans un temps futur, devra adopter cette même colonie indépendante? Convenons que cela serait exiger des États souverains par trop de prévision !

Finalement, nous voyons que pour repousser ces dettes, en vue de leur constitution, il faudrait prouver que, lors de leur création, l'on n'avait point observé les préceptes des lois espagnoles, ceux qui les discutent fussent-ils ou non d'accord avec le principe politique

auquel ces lois répondent. Le fait que la souveraineté
d'un Etat s'exerce avec plus ou moins d'intervention
des peuples ou de leurs colonies, n'altère nullement
l'efficacité et la nature des actes émanant de la Souveraineté même, si, comme il arrive dans le cas présent, elle
s'adapte dans son exercice aux prescriptions de sa Constitution.

Inutile d'insister davantage sur cette première question qui a été traitée uniquement pour parer à des argu-
mentations absurdes et d'une bonne foi fort douteuse.

(*b*) Ainsi donc, les dettes contractées sur Cuba par la
souveraineté de la Nation espagnole sont légitimes quant
à leur origine. Il y a lieu de faire remarquer qu'elles sont
également revêtues de la seconde condition que les doctrines des publicistes les plus exigents imposent pour
qu'elles soient forcément reconnues et payées par la souveraineté qui naît ou qui succède, à savoir, qu'elles ont
été appliquées à des fins de nécessité et d'utilité pour la
grande Antille.

C'est ici que les faits ont été le plus souvent défigurés
d'une façon déplorable et, où, à défaut d'autres, on a
accumulé tous les chefs d'accusation contre la Métropole,
en la mettant, à notre avis d'une manière b'en injuste,
en conflit avec sa colonie de prédilection.

Il faut dire avant tout que, plutôt que des colonies, les
Iles de Cuba et de Puerto-Rico étaient deux provinces
espagnoles privilégiées. Après leur avoir accordé, avec
toutes les libertés politiques et civiles dont jouissent les
Espagnols, la représentation aux Cortès, dont ne jouissent
pas encore la majeure partie des Colonies anglaises, l'Espagne a prêté en outre une attention continuelle au développement économique de la grande Antille et lui a dédié
une partie importante de son propre Trésor.

Il n'est point nécessaire de rappeler avec des détails prolixes les transactions auxquelles elle s'est toujours prêtée avec les Antilles, alors même que les intérêts coloniaux étaient contraires à ceux de la Péninsule. Il suffira d'une légère indication des faits les plus connus pour que l'on puisse juger de leur tendance et de leur importance.

Une fois la paix conclue avec la France et Ferdinand VII rétabli sur le trône d'Espagne, on lance les fameux Ordres Royaux (Reales Cedulas) d'encouragement de la population blanche et du commerce libre qui, ouvrant les portes de l'Ile à des hommes de tous les pays et au commerce universel, changea le sort de cette portion du territoire espagnol, rendant désormais inutiles les secours qui lui étaient constamment nécessaires pour sa propre vie et, partant, supprimant l'assignation annuelle (situado anual) qui, dans ce but, avait pesé jusqu'alors sur les caisses du Mexique.

Grâce à ces résolutions, Cuba parvint à être le pays riche et florissant que nous connaissons tous : elle atteint un tel degré d'aisance qu'il suffit de la " dîme " que le Trésor appliquait aux frais généraux de l'Antille et d'une faible contribution de 2 et 4 0 0 sur la richesse rurale et urbaine, pour que le Trésor de Cuba eût un fonds de réserve permanent de 3 millions de piastres.

La crise économique qui, vers le milieu du siècle, atteignit le monde entier, par suite des faillites ruineuses de Compagnies commerciales par actions, et le désastreux système économique d'association aux fins de richesse, que l'on a tellement exagéré en Amérique et dans l'Antille espagnole, suffirent amplement à produire les premiers manques d'équilibre dans cette administration modèle.

L'augmentation du budget de guerre et de marine, rendu nécessaire par un certain mouvement flibustier, la menace d'un terme prochain de l'esclavage et la fermeture de divers marchés pour le sucre des Antilles, furent des causes qui, bien qu'elles étaient supérieures à la volonté de la Métropole, produisirent d'ores et déjà sur une plus grande échelle le préjudice qui se préparait depuis quelques années.

L'opinion s'étant émue dans l'Antille, le Gouvernement se préoccupa de faciliter l'augmentation de bras pour le commerce, il supprima le trafic des nègres, il permit une vaste immigration de travailleurs chinois et convoqua à Madrid des délégués des Antilles, désireux de les entendre et de coopérer d'accord avec eux au bien de la Colonie. Dans ces réunions les points essentiels de l'Administration de Cuba et de Puerto-Rico furent étudiés et résolus : l'immigration dans les îles, les traités de commerce les plus avantageux, le changement de système tributaire le plus en harmonie avec leurs besoins et avec le développement à donner au précepte constitutionnel que les provinces d'outre-mer fussent régies par des lois spéciales.

En 1868, l'abolition de l'esclavage se prépare et elle a enfin lieu, sans produire les perturbations qu'elle produisit dans d'autres régions. La guerre de Sécession qui éclata aux États-Unis à l'occasion d'une réforme si humanitaire en est un exemple frappant. Et si alors les besoins de la guerre dans la première rébellion flibustière obligèrent à élever les contributions, après la pacification de l'ile, elles furent réduites à tel point qu'actuellement celles de tous genres y sont moindres que dans la Nation d'origine européenne la plus favorisée.

En 1882 se conçoit la fameuse «loi de relations», à la requête des Députés cubains, désireux d'élargir leur marché avec la Péninsule jusqu'à arriver au cabotage : cette loi est adoptée au prix d'un grand sacrifice pour le Trésor

National, bien que quelques articles de revenus qu'il était inévitable de protéger, vu qu'ils constituaient la richesse de régions entières de l'Espagne, sont éliminés des prescriptions de cette loi.

Jamais la France n'a fait chose pareille avec ses colonies. L'Angleterre le fait encore moins : pour cette partie commerciale, elle traite ses colonies comme des étrangères. La Hollande applique aux siennes le système connu de l'exploitation.

Après 1884, le marché de sucre des Antilles ayant diminué aux États-Unis, et Cuba craignant que cette Nation n'impose sa loi à ce produit, le Gouvernement de la Métropole ne néglige aucun des moyens proposés par les Députés des Antilles pour sauver la situation, au détriment certain du commerce péninsulaire. En effet, en échange de ce que les États-Unis n'appliqueraient pas aux sucres le droit extraordinaire que leurs Chambres avaient adopté, le bénéfice du pavillon espagnol leur fut accordé, avec grand risque pour celui-ci, pour les produits d'abord, puis pour les provenances de leurs ports, et l'on réduisit en même temps le budget de la Grande Antille au-delà de ce que conseillait la prudence, comme l'ont démontré les faits qui attristent aujourd'hui l'histoire du peuple espagnol. L'on élimina du budget des recettes et des dépenses tout ce qui ne présentait pas un caractère de besoin immédiat pour l'Administration de l'île ; entre d'autres droits moindres, celui sur le sucre qui était d'une importance énorme.

Pour compléter le tableau, on négocie avec les États-Unis un Traité de commerce au profit exclusif de Cuba et de Puerto-Rico, traité dont l'application donna pour résultat de sacrifier, entre autres, l'industrie de la minoterie en Espagne qui, pendant nombre d'années avait constitué la fortune d'un vaste district.

Toutes ces mesures se reflètent clairement dans les Budgets. Il nous suffit de citer quelques chiffres qui complètent le tableau des sacrifices et de la protection de l'Espagne pour celle qui fut une de ses provinces les plus privilégiées.

Le Budget des Dépenses qui, en 1882, était de $35,860,249 et celui des Recettes de $ 36,248,300, fut réduit, dans dix ans seulement, soit en 1892, à $ 21,944,577 et $ 21,946,356 respectivement. Et il y a lieu de remarquer que, même pendant la guerre et avec l'augmentation naturelle de dépenses et les difficultés que forcément offrait le recouvrement des impôts, ces chiffres ont souffert peu de changement : le Budget des Recettes en 1897 est de $ 24,640,759 et celui des Dépenses de $ 26,037,394.

L'on juge d'une manière encore plus manifeste des continuelles améliorations et diminutions des impôts et des dépenses, en prenant la moyenne des décades où elles se sont accentuées et où s'est réalisé le progrès économique de Cuba. Le Budget des Recettes et des Dépenses, de 1870 à 1880 a été, en moyenne, de $ 40,100,000, — celui de 1889 jusqu'à ce jour de $ 24,100,000.

Ces données officielles publiées dans les Budgets partiels que les Cortès espagnoles ont approuvé, ont une autorité incontestable : ils ont en outre leur explication naturelle dans l'énorme diminution progressive de tous les impôts à Cuba, grâce aux lois émanées de la Métropole. En effet, depuis 1875, les biens immeubles ruraux et urbains payaient leur tribut à une moyenne égale à celle qui servait de type dans la Péninsule, et ce tribut a baissé progressivement jusqu'au point qu'aujourd'hui la propriété urbaine ne paie dans l'Ile tout compris que 12 °/₀ et la propriété rurale, sans distinction de culture, 2 °/₀, alors qu'en Espagne, elles paient respectivement 28 et 20 °/₀.

Les impôts directs sur l'industrie, le commerce, les arts, les professions, les *Cedulas*, les patentes et les tarifs de voyageurs n'atteignent pas 1 %, dans la majeure partie des cas et ne dépassent jamais ce type si modique.

Grâce à ce tribut et à l'influence constante et réparatrice de lois de privilège, Cuba parvint, dans les dernières années qui ont précédé la dernière insurrection, à acquérir un développement énorme. Pour achever de dépeindre la soi-disant rapacité, la tyrannie et l'égoïsme absorbant du Gouvernement Espagnol, il suffit de rappeler les énormes frais de personnel et de matériel que suppose la construction de nombreux travaux publics, qui sont un modèle en leur genre. Des canaux et des ports; 1,000 kilomètres de chemins de fer; des voies de communication de tout genre; des câbles télégraphiques terrestres et maritimes construits ou subventionnés par l'État; l'introduction et l'extension des cultures qui aujourd'hui dominent, l'une d'elles la canne à sucre, plante exotique dans cette zône; des édifices publics et de colossales défenses militaires, des arsenaux, des docks; en un mot, tout ce qui signifie l'épanouissement de la vie économique officielle de l'Antille qui, en grande partie, peut servir de modèle à l'Europe elle-même.

Si Cuba eût été un pays dévasté, si elle n'eût pas contenu, grâce aux efforts de l'Espagne, tout ce qui la fait figurer parmi les colonies les plus avancées et productives de l'Amérique, assurément elle ne serait pas aussi convoitée et les États-Unis ne se seraient point imposé le douloureux sacrifice de l'arracher à la domination espagnole pour la protéger et la secourir sous les plis de son drapeau humanitaire.

Par bonheur pour tous, l'état de progrès et de culture de ce peuple affranchira le Gouvernement Fédéral de l'application de ses pratiques colonisatrices, grâce auxquelles les populations des terrains annexés disparaissent peu à peu devant la marche de sa grande civilisation.

Toutes les réformes accomplies par la Métropole en abaissant les rendements et châtiant les Budgets de Dépenses dans tous les chapitres où elle pouvait introduire quelque économie, firent naturellement que les Budgets de Cuba depuis l'année 1880, furent liquidés avec d'énormes déficits, indépendamment des dépenses qu'entraîna pour l'Espagne autant l'insurrection de 1868 que celle qui éclata à Baire en 1895.

Pour donner une idée de ce que nous avons dit jusqu'ici, il suffira d'indiquer les données officielles qui résultent et des liquidations provisoires faites dans les dépendances d'outre-mer et des liquidations définitives approuvées par les Cortès jusqu'en 1896.

Il convient de faire remarquer qu'en parlant de Budgets de Cuba, nous voulons dire ceux spéciaux à l'Ile, car tout le monde sait que le système de comptabilité et d'administration qu'a toujours suivi l'Espagne, permet d'étudier avec clarté la vie économique de chacune de ses Antilles, dont le trésor n'a jamais été confondu dans aucun cas avec le Trésor national. Cela permet en outre de connaître, à toute heure, le montant exact des articles du passif ou de l'actif de ce Trésor colonial.

D'après ces données, de 1883 à 1887, l'Espagne, sur ce qu'elle a encaissé à Cuba et seulement pour les besoins civils, *sans que les dépenses de guerre entrent en ligne de compte*, a payé $45.186.257,52 soit pesetas 225.931.287,60. Voilà ce que l'Espagne a gagné avec Cuba; voilà l'exploitation; tel est le tableau de pillage qu'avec des couleurs certes bien recherchées, l'on dépeint dans la presse, suivant le bon plaisir de qui, mû par une intention malsaine et manquant effrontément à la vérité, prétend induire l'opinion dans les erreurs les plus funestes.

Ainsi donc, non content d'en venir à toutes sortes de transactions dans ses relations économiques avec ses Colonies des Antilles, le Gouvernement a contribué avec son trésor personnel à couvrir les charges de cette administration.

Mais cela n'a pas suffi. Les mouvements séparatistes de 1868 et 1895 vinrent créer une situation économique vraiment anormale. Une Puissance souveraine était en présence d'une perturbation d'ordre public intérieur, d'autant plus illégitime qu'elle coïncidait avec le degré le plus élevé de prospérité de la Colonie. Elle eut besoin de prendre des mesures pour la réprimer, non seulement dans l'intérêt de la Colonie même, mais aussi pour que le mouvement insurrectionnel ne vînt pas porter préjudice aux intérêts commerciaux de puissances voisines, qui avaient avec elle des relations continuelles. Elle s'acquitta donc ainsi d'une des fonctions principales et inéluctables de la souveraineté et, à l'effet, il lui fallut recourir à des mesures économiques extraordinaires.

Ce qui est arrivé aux dettes coloniales espagnoles de ce chef spécial, se défigure ou se cache soigneusement, et il est temps de publier la vérité.

L'émission de billets hypothécaires de 1886 fut appliquée à combler les anciens découverts de la Grande Antille qui existaient à l'époque et qui provenaient, autant des dépenses de la guerre de 1868 que des immenses améliorations que l'on y faisait dans toutes les branches, dépenses et améliorations auxquelles fit face le Trésor Péninsulaire.

Une bonne partie de la dette hypothécaire est destinée à solder les découverts arriérés et courants des Budgets ordinaires de Cuba, qui se liquidaient toujours avec un déficit et, alors que le nivellement de la vie économique des Antilles était proche, alors que l'Espagne avait encore en portefeuille une bonne partie de cette seconde émission qu'elle affectait au développement de la richesse coloniale, éclate en 1895 la seconde insurrection, et l'Espagne se voit contrainte à appliquer aux premières dépenses, les réserves de cette dette. Et c'est maintenant que devient plus manifeste l'indigne calomnie qui s'ébruite contre le Gouvernement et l'administration espagnols à Cuba. Cette Espagne, qui s'est enrichie constamment avec les rendements de son Antille, engage ses propres revenus, ceux qui lui faisaient faute pour sa vie intérieure et applique l'énorme dette ainsi contractée à rendre à Cuba la tranquillité que troublaient les insurgés en armes, lesquels, comme le disait le Président des États-Unis, M. Grant, dans son célèbre message de juin 1870 : « n'eurent jamais d'autre doctrine que le pillage et le vol, « sans autre gouvernement que la volonté de leurs chefs de « bande, en lutte perpétuelle avec les lois de la morale, « de la loyauté et de l'honneur. »

Et bien, malgré tout, l'on a constamment déclamé que la portion de la Dette cubaine, qui représente l'emploi de sommes destinées à dominer ces mouvements rebelles, ne peut être légitimement payée et n'est pas susceptible d'être reconnue, parce qu'elle a servi à réprimer le mouvement d'indépendance d'un peuple qui voulait secouer le joug de sa Métropole.

Ce n'est certes pas là une raison ni dans l'ordre du droit ni dans celui de la justice universelle. Le triomphe sanctionne tout, sur le terrain des faits, mais il ne peut jamais justifier la transgression du principe fondamental auquel l'Espagne dut forcément obéir pour constituer cette Dette. Le triomphe des armes américaines pourra sanctionner l'indépendance cubaine ; il ne pourra avoir l'effet rétroactif que l'on prétend lui attribuer, en enlevant l'efficacité et la légitimité à l'acte de souveraineté exercé par l'Espagne, qui a employé des ressources et personnelles et coloniales pour suffoquer la rébellion qui se serait éteinte facilement sans les secours qu'elle recevait des États-Unis, rébellion qui, avant de triompher, n'était qu'une perturbation de l'ordre public. En agissant ainsi, l'Espagne accomplissait un acte que non seulement elle était parfaitement en droit d'accomplir, mais encore qui constituait un de ses devoirs les plus élémentaires.

Nous pourrions nous étendre bien davantage sur ce vaste champ du rétablissement de la vérité, si foulée aux pieds dans l'occasion présente, en terminant par un résumé des Dettes qui pèsent actuellement sur les Antilles espagnoles et sur les Philippines; mais cela donnerait trop d'ampleur à notre travail. Nous nous bornerons à affirmer, avec des données irréfutables sous les yeux, que la Dette aujourd'hui en circulation, émise avec la garantie hypothécaire des Douanes et autres impôts de l'île de Cuba, par la couronne d'Espagne, s'élève à 1,424,089,500 pesetas nominales. Les dates d'émission de ces dettes démontrent, par elles-mêmes, qu'elles n'ont point été créées pour faire face à la répression de l'insurrection présente, car l'on sait que la dernière loi de création date de 1890 et l'insurrection a commencé à Baire dans les premiers jours de l'année 1895.

Ces émissions, du reste, ont été appliquées, autant à liquider le solde des dépenses faites pour réprimer le premier mouvement insurrectionnel, non payées jusqu'alors, qu'à combler les énormes déficits des Budgets ordinaires, jusqu'au moment où s'est accentuée la dernière rébellion, au point de rendre nécessaires pour la dominer la création et l'émission de nouvelles obligations avec la garantie de revenus personnels du Trésor Péninsulaire. Et il est bon de dire également qu'à cette fin le Gouvernement espagnol a contracté des dettes avec la garantie des Douanes nationales, de ses rentes de tabacs, de timbre et de régie de la Péninsule et une bonne partie sous forme de Dette perpétuelle intérieure à 4 %, jusqu'au chiffre total énorme de 1,682,885,000 de pesetas, qu'il faudra forcément payer conjointement à environ 400 millions pour lesquels elle est encore en découvert jusqu'au payement intégral de toutes les dépenses de guerre qui sont actuellement en souffrance.

Telle a été la conduite de l'Espagne.

Le développement des travaux publics et de la vie économique sur un Territoire est-il utile et nécessaire ? Quelqu'un peut-il douter que le maintien de l'ordre soit utile et nécessaire pour que la vie civile et politique puisse être un fait? — Et bien, c'est à ces deux fins uniques que la Métropole a employé, non pas seulement la mesquine somme que lui a rapportée la Colonie et celles qu'avec l'exiguité de ses revenus elle a pu fournir, mais aussi les énormes sommes qu'avec ses ressources et avec son Trésor personnel elle a destinées au même but.

Tout cela est passé sous silence avec grand soin par ceux qui vocifèrent dans le sens que nous avons dit, mais il est bon qu'on le sache et que les gens honnêtes et impartiaux des deux pays en jugent et y pensent d'une manière réfléchie, pour se convaincre combien est inévitable la reconnaissance de cette Dette de la part de la souveraineté espagnole dans la Grande Antille.

(*c*) Il est maintenant de notre devoir de démontrer de même que le caractère hypothécaire de ces Dettes Coloniales résoud la question, malgré les opinions des uns et des autres. Le droit vit sans la force; il pourra, dans certaines occasions comme la présente, être étouffé par elle, mais, étouffé ou non, il vivra toujours. Telle est la théorie que, forcément, il faudra appliquer à la question le jour où Cuba vivra, ou indépendante, ou sous la protection naturelle et nécessaire du grand peuple américain.

Le Gouvernement de l'Espagne, étant le maître absolu des rendements de Douanes et autres impôts de ses Antilles, les a grevés en les assignant spécialement au paiement d'une Dette, c'est-à-dire qu'il a constitué ce qui, en Droit International, est connu sous le nom de Dette hypothéquée. Et constatons, en passant, que lorsqu'il est dit dans les Titres qui représentent cette Hypothèque que le Trésor National garantit aussi leur remboursement, il est évident que l'on n'a constitué ainsi qu'une obligation subsidiaire ou secondaire qui ne pourra être exigée que dans le cas où la garantie disparaitrait : et que l'on comprenne bien, *disparaitrait*, non pas *changerait de maitre*, cas dans lequel elle ne *disparait* pas, mais continue à exister, bien qu'un autre possesseur en jouisse. Car, tant que cela ne sera pas, la dette hypothécaire qui nous occupe suivra les Douanes de Cuba et tous ses impôts, de la même façon, comme le dit un illustre auteur, que l'ombre accompagne et suit le corps.

Que l'on prouve que l'hypothèque a été constituée sans titre légitime à l'effet et, une fois prouvé, l'Espagne n'insistera pas dans le droit parfait qu'elle a à ce que ces Dettes soient reconnues et payées en due forme. Mais tant que cela ne sera pas démontré, tant que les Douanes et autres impôts de Cuba, qu'ils soient ou non au pouvoir du Gouvernement espagnol, auront une vie économique, il est indubitable qu'ils restent grevés par la charge que leur Souverain a constituée sur eux. L'existence juridique de l'hypothèque défie le droit du plus fort : aussi, en dernier lieu, le paiement des Dettes hypothécaires de Cuba et des Philippines serait-il pour l'Espagne une question secondaire. Son rôle sera bien simple. Elle a contracté honnêtement, elle a contracté sur ce qui était à elle ; avec plus ou moins de droit, mais avec plus de chance assurément, un tiers lui ravit les biens propres qu'elle a affectés au remboursement de la dette : l'obligation de paiement de la part de l'Espagne a cessé tant qu'on ne lui démontrera pas, elle intervenant, que ces revenus ayant diminué ou disparu par suite d'actes indépendants de la volonté du nouveau souverain ou de son administrateur, ils sont devenus insuffisants pour couvrir la dette totale contractée.

Par les efforts que paraît faire le Gouvernement espagnol, il démontre son honnête intention de ce qu'aucun de ses créanciers ne puisse jamais dire que, moyennant son concours, ils se sont vus frustrés et spoliés de ce qui leur appartient légitimement. L'Espagne, paraît-il, résiste et se refuse à autoriser un acte quelconque qui donnerait pour résultat de déposséder ses créanciers de ce qui leur appartient légitimement. De sa conduite, divulguée par la presse de toutes les nations, l'on déduit clairement que, de même que tout peuple honnête, elle refuse sa complicité et son acquiescement au fait inouï de se jouer des intérêts sacrés des particuliers, ce qui assurément est la matière à contrat la plus limitée pour tout souverain. Un souverain pourra, dans ses transactions avec d'autres puissances, abdiquer ses droits, mais il lui est défendu de renoncer à des droits qui appartiennent à un tiers, qui n'est pas entendu et qui, honnêtement et loyalement, a contracté avec lui en lui livrant sa fortune privée.

Assurément, le Gouvernement d'une nation aussi chevaleresque déplorera de se voir contraint à refuser à l'avenir le payement de sa Dette Coloniale. Mais il remplit ainsi un devoir avec ses autres créanciers pour des dettes personnelles et pour lesquelles il résulterait un préjudice injuste, si, en les faisant concourir avec les porteurs de Dette Cubaine, les ressources du Trésor National n'étaient pas suffisantes pour faire face aux deux engagements. En outre, il exerce un droit incontestable, car il n'est dit dans aucune doctrine, ni sanctionné par la pratique d'aucune nation, que, lorsque, sans la volonté du débiteur, celui-ci perd la possession de la garantie, qui devient la propriété d'un tiers, les effets juridiques de cette garantie cessent et que l'ancien possesseur des biens hypothéqués devient le principal et le seul responsable de la dette.

C'est pour cela que nous nous permettons de donner l'alerte aux porteurs de bons de l'Ile de Cuba, pour qu'ils ne se fient pas à ces doctrines qui font le tour des journaux et qu'ils réfléchissent à ce que l'Espagne, à qui on ravit, sans compensation, les biens grevés, est exemptée du paiement, obligation qui, par ce seul fait, passe à ceux qui lui succèdent dans la jouissance des revenus hypothéqués.

Nous avons appris que quelques porteurs de Dette de cette nature ont constitué des Comités de défense et nous applaudissons certes à leur résolution, en leur conseillant, en premier lieu, de commencer les réclamations conséquentes, afin que, soit le Trésor Cubain, si Cuba est indépendante, soit le Trésor des États-Unis, si ceux-ci protègent et gouvernent l'Ile à l'avenir, comme il faut s'y attendre, soient ceux qui paient ces Dettes et en répondent, étant donné que ce sont eux qui encaissent et jouissent des biens qui en sont grevés. La résistance de leur part équivaudrait à un refus du débiteur principal de se prêter à toute discussion sur le paiement de la dette, ce qui, au surplus, donnerait pour résultat juridique immédiat l'extinction de la garantie ou caution du Gouvernement Espagnol.

Le Gouvernement des États-Unis, en son propre nom ou en celui de la Grande Antille, serait donc le seul res-

ponsable de l'état de choses que créerait une telle attitude, et c'est à lui que devraient se présenter les créanciers hypothécaires de Cuba qui ne doivent pas douter
un moment de l'esprit de justice et de l'honorabilité des
juges du Gouvernement Fédéral.

IV. — Il est dès lors prouvé, avec toute la latitude
qu'exige la gravité de la question, que les Dettes qui sont
à la charge de la souveraineté naissante des Antilles ont
été imposées légitimement, qu'elles ont été appliquées à
des fins d'utilité et de nécessité de la Colonie et que la
nature hypothécaire des unes et coloniale des autres
fait qu'elles sont unies par nécessité au territoire grevé.
Nous terminerons en émettant quelques idées qui, indépendamment du caractère légal d'une telle obligation,
amènent l'esprit des plus impartiaux à déduire le devoir
moral pour Cuba et les Etats-Unis de prendre à leur
charge ces dettes.

Bien que les faits que nous allons exposer ont été
sans nul doute observés par tous ceux qui ont suivi le
débat, il est possible qu'ils ne les aient point appréciés
dans toute leur transcendance et importance; aussi croyons
nous à propos de les remémorer, ne fût-ce que très à la
légère.

Il n'est point douteux que le peuple américain se verra
forcé d'intervenir dans la vie économique de Cuba, pendant très longtemps, jusqu'à ce qu'il y implante l'état
normal et le progrès politique qu'a tant retardé la période
passée de lutte.

Ceci uni à la jouissance naturelle de Puerto-Rico et
des autres Iles espagnoles de la mer des Antilles, qu'il
acquiert à titre d'indemnité de guerre, fait qu'il se trouve
en possession et jouissance du butin de guerre le plus
considérable qu'aient jamais vu les nations modernes.

Il est grand, si on le considère sans chercher à le comparer avec aucun autre, car tout le monde sait que les Colonies espagnoles des Antilles constituent la partie la plus fertile et la plus riche de l'Amérique. (Puerto-Rico a une population plus dense que celle de la Belgique et Cuba une densité économique supérieure à celle des États-Unis); on peut évaluer leur importance en réfléchissant que les deux Antilles, grâce aux dépenses énormes qu'y a faites son ancienne Souveraine, commencent actuellement à produire leur maximum : c'est-à-dire ont toutes leurs sources de produits en exploitation; sans qu'aucune d'elles ne soit entrée dans la période lointaine de déclin ou de paralysation, inséparable de toute entreprise industrielle ou agricole.

Et bien, l'importance de sa conquête augmente encore si l'on tient compte de ce que le sacrifice économique et l'opération militaire faits par l'Union ne sont nullement en rapport avec le résultat matériel de ses victoires. La guerre a duré trois mois : pendant cette période, les États-Unis ont eu des combats navals, mais, bien qu'ils aient eu un heureux résultat, il est certain que leur effort a été bien faible. Les flottes américaines couvraient dix fois le tonnage et la puissance offensive et défensive de celles des Espagnols; c'est à bien peu de frais qu'ils les ont réduits à l'impuissance. Et, malgré trois mois de siège rigoureux, ils n'ont pris par la force, à Cuba, qu'une place de faible importance, comme l'est Santiago.

Que l'on juge donc du coût du sacrifice et du succès réduit, au point de vue purement militaire, comparés à leurs conséquences et l'on aura une mesure approximative du résultat, comme nous le disons plus haut.

En outre, jamais l'on n'a vu, dans l'histoire moderne, une semblable disproportion. Les guerres de la plus grande importance, autant par l'effort de la lutte et par le territoire dominé ou gagné à l'ennemi, que par l'effort économique et numérique des combattants, n'ont jamais produit en définitive pour le vainqueur la domination même de la partie occupée par lui pendant la lutte : ses prétentions se sont réduites à beaucoup moins.

L'Empereur, dans ses guerres de véritable conquête, en arrivant à Berlin et à Vienne, après avoir dominé la Prusse et l'Autriche, ne pensa jamais à ajouter ces États à son Empire.

L'Allemagne, dans une lutte récente, a vaincu la France : elle occupe jusqu'à la capitale de l'Empire et, cependant, elle réduit en définitive ses prétentions à des provinces qu'elle désigne, alléguant de plus un titre apparemment légitime de reconquête.

Or, les États-Unis obtiennent une indemnité de guerre énorme et bien supérieure à leurs frais en recevant les Iles de Puerto-Rico et les autres qui entourent Cuba dans la mer d'Occident, et, à titre de protection, l'île la plus précieuse de l'Océan Atlantique passe sous sa domination, ne fût-ce même que transitoirement, c'est-à-dire qu'elle acquiert la souveraineté de territoires en pleine splendeur de civilisation et de richesse et qui mesurent ensemble 130 mille kilomètres carrés, soit le quart de la superficie de l'Espagne.

Outre tout ce que nous avons dit, l'on peut encore ajouter, pour comprendre toute l'importance qu'a pour les États-Unis le résultat de la guerre, qu'ils réalisent ainsi, sinon complètent, un plan politique qu'ils caressaient depuis longtemps et il n'est ni juste ni, en définitive, croyable qu'un peuple aussi sévère et humanitaire, en présence de pareils résultats, détourne ses regards du droit et de la morale publique et se refuse à la reconnaissance et au paiement de dettes sacrées, soit par lui-même, en prenant le lieu et place de l'Espagne, soit au nom du peuple cubain, alors que tout le monde sait que les Colonies dont ils vont jouir maintenant ont profité de ces dettes qui ont servi de plus à la répression d'insurrections que les Américains eux-mêmes encouragaient tout en exigeant officiellement par des sommations inusitées leur répression rigoureuse.

Spoliée de ses colonies, ayant pour elle la plénitude du droit, calomniée en outre dans la noblesse et la générosité de son âme chevaleresque, l'Espagne pourra succomber devant la force; le despotisme de la victoire pourra être poussé jusqu'à exiger d'elle de remplir des engagements contractés à seule fin d'éviter cette lutte dans laquelle elle a été accablée; mais, nous tous, qui assistons au débat actuel, nous ne devons pas oublier que l'Espagne est vaincue, mais n'est pas morte, et l'on peut tout attendre de ce peuple héroïque qui, à des époques non lointaines, a inondé le vieux monde de son or, de son cœur le nouveau, et tous deux de son sang noble et généreux!

La Souveraineté des Iles Philippines

Nous disions en commençant que, des deux questions capitales à traiter dans ces notes rapides, l'une était celle de la dette coloniale, suffisamment discutée maintenant, et l'autre, la légitimité du titre que peut faire valoir le Gouvernement Fédéral pour réclamer la souveraineté d'une partie des Iles Philippines.

Avant tout, il nous faut rappeler les termes du Protocole du 12 Août dernier, pour tout ce qui a trait à l'Archipel de la Mer d'Orient.

Dans les articles **1** et **2** il n'est traité que de la question principale, celle qui produisit la guerre, celle qui résoud le problème militaire posé par la puissance même qui a provoqué le conflit : l'indépendance de Cuba et la cession, à titre d'indemnité totale de guerre, de Puerto Rico et autres Iles de la Mer Caraïbe et de l'une des Mariannes.

Nous avons dit, en temps et lieu, que le reste des conventions signées se rapportait exclusivement à la marche à suivre et à la manière de mettre en pratique les stipulations précédentes. Nous avons ajouté qu'en outre, un article spécial avait été convenu, le troisième, qui, en réalité, n'était autre chose qu'une garantie de l'exécution du traité préliminaire, garantie qui se crée aussi bien dans la pratique de la majeure partie des stipulations de ce genre, que dans les prescriptions du droit des gens, lors de la suspension des hostilités entre deux nations, dans le but de signer, dans un délai plus ou moins rapproché, la paix définitive.

Il fut donc pacté, à Washington, que l'armée de l'Union occuperait la ville, la baie et le port de Manille, jusqu'à la signature du Traité de paix, aujourd'hui pendant à Paris, traité dans lequel il y aura à déterminer le contrôle, la disposition et le gouvernement des Philippines. Il n'existe dans tout le traité aucune autre stipulation relative à l'Archipel.

Bien qu'il soit impossible de connaître, d'une manière officielle, la pensée d'aucune des deux Puissances Contractantes, les nouvelles données par la presse des deux pays ont laissé entrevoir que le Gouvernement des États-Unis prétend, à titre légitime, avoir droit à l'occupation totale des Iles Philippines, qu'ils réclament sans scrupule.

Indépendamment de ce que tel puisse être le dessein de l'Union, (et, dans ce cas, elle est entièrement libre de proposer à l'Espagne l'acquisition de l'Archipel, dans la forme qu'il lui plaira), il est impossible de supposer, en raisonnant sensément, que, dans les limites du Protocole du 12 Août de cette année, de l'exécution et application duquel il s'agit, il y ait place, non pas pour l'occupation définitive de l'Archipel, mais pas même pour celle de la ville, de la baie et du port de Manille.

Un examen rapide de l'article qui a trait aux Philippines démontrera l'exactitude de cette affirmation.

Deux idées mères, idées capitales, y sont contenues : autour d'elles se meuvent les autres que renferme la stipulation. La première : l'occupation par les États-Unis de la ville, de la baie et du port de Manille, *est temporaire*. La seconde : la disposition du gouvernement des Iles Philippines que devra déterminer le traité définitif, a rapport exclusivement *au Gouvernement Espagnol*.

Pour interpréter de cette sorte l'article précité, il n'est pas besoin de contrarier le sens littéral de chacun de ses mots. Les deux idées sont parfaitement claires. Le contexte de cette partie de la convention ne se prête à aucun genre de doute; mais, cela fût-il, si, par hasard, les mots ne traduisaient pas avec toute clarté la pensée des contractants, les prescriptions du droit international entraînent l'application de l'interprétation la plus favorable à l'Espagne, qui est la Nation engagée.

L'éminent publiciste Vattel résume en ce sens toutes les opinions et fixe la doctrine. Il ajoute que, si l'on interprétait les clauses obscures en faveur du plus fort des contractants, on courrait le risque de les convertir en véritables pièges où tomberait le vaincu auquel le vainqueur aurait imposé la loi dans le traité, sans que le premier ait pu l'éviter.

La respectabilité du peuple de l'Amérique du Nord éloigne tout soupçon de prétention de la part de son Gouvernement de profiter de l'ambiguïté d'une expression, pour interpréter à sa guise une stipulation aussi importante que celle qui a trait à l'avenir des Iles Philippines. Seule une application erronée du droit ou une appréciation trompeuse des faits, a pu être l'origine de la prétendue attitude du Gouvernement Fédéral au sujet de la souveraineté de l'Archipel.

Essayons de présenter une question aussi simple avec la clarté voulue.

I. — L'occupation de Manille, de sa baie et de son port doit être *temporaire*. La rédaction des textes français et anglais, tous deux officiels et signés par les deux Parties Contractantes, est si formelle, qu'il suffit de l'énoncer pour démontrer la vérité de cette première affirmation. Les deux textes disent que : « Les États-Unis occuperont « et tiendront la ville, la baie et le port de Manille, *en* « *attendant (pending)* la conclusion d'un traité de paix...» Le verbe *en attendant*, indique que les deux Puissances ont voulu limiter le temps d'occupation de Manille, de sa baie et de son port ; qu'à cet effet ils ont fixé le délai compris entre la signature du Protocole et celle du traité définitif qui se concerte à Paris. Ce qui précède démontre, en outre, le caractère spécial de garantie ou gage d'exécution que la clause en question établit en faveur des États-Unis.

C'est ainsi que l'interprète quiconque lit l'article 3 avec un esprit calme ; c'est ainsi aussi que l'a interprété le Gouvernement français lui-même, parfaitement étranger à cette question, en rendant compte de la paix convenue à ses Ministres en Europe. Voir le document 19 du Livre Jaune, qui contient le cours de ces négociations ; on y trouvera formellement appliqué à l'occupation de Manille, le caractère de *provisoire* (textuel).

Nous croyons inutile d'insister davantage sur ce premier point.

Le second est également clair. Les Etats-Unis occuperont la ville, la baie et le port de Manille jusqu'à la signature *d'un traité de paix qui devra déterminer le contrôle, la disposition et le Gouvernement des Philippines.*

Le jour de la signature du traité, le gouvernement de l'Archipel était de la souveraineté exclusive de l'Espagne. Depuis lors, aucun fait licite n'est venu modifier l'état possessoire de droit de la souveraineté de ces Iles. Donc, de quel Gouvernement s'agit-il ? — Quel est-il et qui a le contrôle ? Quelle doit être la disposition de ce gouvernement ? — Si le jour de la signature du traité, on à une date antérieure, il eût pu exister quelque doute au sujet de la souveraineté espagnole sur les Iles Philippines, doute provenant soit de réclamations d'une autre puissance, soit de conventions ou acquiescence de l'Espagne, il est évident qu'il y aurait eu matière à opinion et à discussion au sujet de laquelle des deux puissances devrait, à dater du traité définitif, exercer la souveraineté, soit les fonctions propres du gouvernement de ces Iles.

Mais si, comme nous l'avons vu et comme nous le démontrerons en toute clarté, le 12 Août 1898 l'Espagne exerçait dans toute sa plénitude le gouvernement des Iles, comment un doute peut-il surgir, et quel peut-il être, sur tout ce qui a trait à l'application de la dernière partie de l'article 3 que nous commentons ?

Les Etats-Unis n'exigèrent pas, car ils ne pouvaient alors l'exiger, le contrôle, la disposition ni le gouvernement des Philippines. Ils n'exigèrent ce contrôle (et c'est là ce que dit l'article 3 du Protocole) que dans la convention définitive où serait décidée la forme sous laquelle l'Espagne devrait établir le régime politique colonial futur dans l'Archipel.

Donc, si la souveraineté de l'Espagne dans cette zone éloignée n'était pas discutable, et les Etats-Unis le reconnaissent ainsi en pactant avec elle dans le traité préliminaire de paix, (à titre d'exception et comme limitation formelle d'un droit), qu'ils occuperaient la ville, la baie et le port de Manille pendant le cours des négociations, il est évident qu'en disant dans ce traité préliminaire, que les deux Puissances, en convenant le traité final, détermineraient le contrôle, la disposition et le gouvernement des Philippines, il s'agissait du gouvernement indiscutable et jamais discuté de l'Espagne.

Si l'on interprétait différemment; si quelqu'un, dans un but évidemment intéressé, disait que ce contrôle, cette disposition et ce gouvernement avaient trait, dans la pratique, aux Etats-Unis, il faudrait, en premier lieu, le prouver par le texte de l'article, et l'article 3 ne dit pas cela.

Nous ignorons les antécédents de ce pacte spécial; nous ignorons aussi l'interprétation que lui ont donné les Gouvernements Contractants avant ou après sa signature. Mais l'on peut, d'ores et déjà, affirmer qu'il n'était dans la pensée d'aucun des deux que l'occupation de Manille par les Etats-Unis fût définitive. Moins encore que les conventions à signer dans le traité final devraient signifier la cession, la renonciation ni la moindre atteinte d'une partie de l'Archipel.

Si telle eût été la pensée des contractants, ils auraient assurément rédigé d'une façon bien distincte la convention 3 du Protocole de Washington. Tout le monde sait que lorsqu'on veut exprimer d'une manière apparente une idée ou consigner une stipulation dans un contrat, le seul moyen, c'est de *le faire*. L'on évite ainsi la possibilité d'une interprétation qui, bien qu'inutile dans le cas présent, peut entraîner une erreur.

Cette règle élémentaire, non plus du droit de contractation, mais bien du sens commun, trouve ici une application si spéciale que si, dans le traité de Paris, il résultait que la souveraineté des Philippines était définitivement remise aux États-Unis, non seulement on n'exécuterait pas, mais encore on enfreindrait la principale stipulation contenue dans l'article dont nous nous occupons. En effet, le résultat serait la remise à perpétuité d'une place que les États-Unis auraient dû occuper seulement jusqu'à un jour déterminé (celui de la signature du Traité définitif).

Or donc, dans la fausse hypothèse que la question soit problématique et en supposant que le susdit article donne lieu à présumer que la pensée des deux Parties avait été de donner aux États-Unis un contrôle direct dans les fonctions du gouvernement espagnol aux Philippines, par quelle gradation de subtils raisonnements peut-on en arriver à la conclusion que cet article suppose de même la cession absolue par l'Espagne de sa souveraineté dans la totalité des Îles Philippines?

Nous avouons que nous ne les connaissons pas et qu'il nous est absolument impossible de les présumer.

Il est vrai qu'il en a été de même pour le Gouvernement français, lorsqu'il eut connaissance de la Convention de Washington. Le document n° 19 du Livre Jaune ne dit même pas que dans le traité définitif l'on décidera de l'avenir du gouvernement des Philippines. Outre le peu d'importance de cette partie de la stipulation, ceci démontre que la pensée des Contractants n'avait point été de remettre à plus tard la solution de rien qui ait trait au point substantiel et décisif de la souveraineté de l'Archipel. Si ce point eût été discutable, il aurait nécessairement fait partie essentielle de la Convention et très saillante de son texte. Il ne pouvait passer inaperçu alors qu'on y spécifiait l'occupation temporaire de Manille, détail bien moins important.

En s'en tenant au sens et à la lettre de l'article 3 de la Convention de Washington, le Gouvernement Fédéral ne peut donc demander dans l'Archipel de Magellan rien autre absolument que ce qu'il a maintenant et qui dérive du Protocole même, à savoir : l'occupation provisoire de la ville, de la baie et du port de Manille et le droit de convenir et déterminer dans le traité de paix pendant, le Gouvernement que l'Espagne devra y implanter dans l'avenir.

Si, indépendamment de ce qui a été dit, il entre dans les vues du Gouvernement de l'Union d'étendre la puissance coloniale de la République jusqu'à la mer d'Orient, s'il veut la possession des Iles Philippines, c'est fort bien, mais pour cela il faut qu'il compte sur la volonté de leur souverain légitime et indiscutable. Qu'il contracte avec lui librement, sans pressions d'aucun genre, et surtout, sans invoquer l'exécution d'un traité que cette Puissance a imposé avec la dure inflexibilité du triomphe, traité que, dans ce cas, il serait le premier à enfreindre.

Pour en finir sur tout ce qui a trait à l'article en question relatif à la souveraineté de l'Archipel, il convient malgré la petitesse du sujet, de nous rendre bien compte de l'importance que certaines personnes, mal informées, donnent aux mots français et anglais employés dans l'article pour définir le sort futur du gouvernement des Philippines. Elles prétendent que lorsque l'article dit : *contrôle, disposition* et *gouvernement*, mots équivalents aux mots anglais : *control, disposition* and *government*, le mot *control* qui en français, anglais et espagnol signifie la même chose, à savoir : « intervention » « inspection » « vérification », doit être pris dans le sens d'attribution aux États-Unis de cette intervention et cela parce que, le mot « control » en anglais, implique ou suppose en outre, « empire », « autorité » et « commandement. »

En français, texte tout aussi officiel et obligatoire que le texte anglais, ce mot n'a pas cette signification : par conséquent, on n'en peut rien déduire contre l'Espagne. Alors même qu'il l'eût, alors même qu'il signifiât ou représentât de telles idées, que dit de plus l'article qui puisse faire présumer que les États-Unis doivent exercer cet empire ou ce commandement ? — Où l'article dit-il que l'Espagne ne peut continuer à l'exercer ? Le texte de l'article mentionné ne contient pas la moindre phrase qui justifie une pareille interprétation.

C'est parce qu'ils le comprennent ainsi, parce qu'ils sont persuadés qu'elle ne résisterait pas à la simple lecture de l'article 3, que ceux-là mêmes qui soutiennent une opinion aussi extraordinaire cherchent à répandre celle non moins étrange que, par suite de la différence de langage des deux Contractants, alors que les Américains en concertant le Protocole, crurent qu'aux termes de son texte, la forme et extension de la souveraineté de l'Espagne dans l'Archipel était chose à discuter et à résoudre à Paris, le représentant de l'Espagne crut et signa dans le sens que celle-ci conservait sa souveraineté, jamais mise en doute, sur toutes les Iles Philippines.

Une semblable supposition ne résout rien en faveur des aspirations du Gouvernement Fédéral. En outre, elle fait bien peu d'honneur au sérieux des deux Contractants et tous ceux qui connaissent le savoir et l'honorabilité de M. Cambon et du Président des États-Unis protesteront certainement contre cette supposition.

D'autre part, cette nouvelle hypothèse préoccupera certainement bien peu l'Espagne. Ou elle est vraie, et alors l'article est nul et considéré comme non avenu, vu qu'il lui manque la condition essentielle à tout pacte, à savoir la volonté des deux parties, volonté qui n'existe pas alors qu'il y a une erreur si flagrante rien moins que dans la matière sur laquelle verse la convention : ou bien l'affirmation est inexacte et il n'y a pas lieu d'en tenir compte.

De tout ce qui précède il résulte, avec une clarté incontestable, que la seule interprétation juste de l'article 3 du Protocole de Washington est la suivante :

« Les États-Unis occuperont la ville, la baie et le « port de Manille jusqu'à la conclusion du traité de paix « qui se concerte à Paris, traité dans lequel les deux « Puissances détermineront le système de gouverne- « ment que l'Espagne devra implanter dans l'Archipel ».

Pour en finir et entrer en outre dans un autre ordre d'idées, nous devons affirmer que ce sens est l'unique qui s'accorde avec la politique d'intervention humanitaire et civilisatrice du Gouvernement des États-Unis. Tout le monde sait, et c'est ainsi qu'on l'a proclamé maintes fois, que la guerre avec l'Espagne n'a eu d'autre but que d'améliorer la situation politique, civile et matérielle des habitants de ses colonies. L'on comprend donc que dans cet article les États-Unis se soient réservé exclusivement le droit de convenir avec la Métropole son futur gouvernement dans les Iles pour qu'en en traçant le plan et en l'exerçant, elle accorde à ses colonies la plus grande somme de libertés et l'autonomie compatibles avec la souveraineté du pouvoir central. C'est à cette fin que les Commissaires des deux pays doivent concerter quels devront être dorénavant l'intervention (contrôle), disposition et le Gouvernement de l'Espagne dans la vie politique et administrative des Iles Philippines.

II. — Si, comme il est démontré, les États-Unis ne peuvent s'appuyer sur aucune des stipulations du traité préliminaire de paix pour demander à titre légitime la souveraineté de l'Archipel des Philippines, pourront-ils alléguer à cette fin le droit de conquête ?

Avant tout, sachons ce que les États-Unis ont conquis aux Philippines.

La guerre une fois déclarée le 13 Avril dernier, le Gouvernement de l'Union dirigea son action militaire contre l'escadre espagnole du Pacifique. Elle la mit en déroute en face de Cavite, dans la baie de Manille après un combat très court. Le résultat immédiat fut la prise de possession par la flotte Américaine de cette baie, où elle commit toutes les violences que bon lui sembla : câbles coupés, navires de guerre et marchands capturés, débarquement à l'Arsenal de Cavite et autres qu'il est inutile de rappeler.

Sauf les approvisionnements continuels aux rebelles, les forces fédérales de mer et de terre n'ont rien fait jusqu'à ce que, le 12 Août dernier, l'armistice fût signé.

Avant de continuer, il convient de dire que les insurgés des Philippines, grâce à toute sorte de secours et de facilités de la part des Américains, parvinrent à propager la guerre intérieure, ce qui créa une situation des plus difficiles pour l'Espagne. Dans l'impossibilité de distraire et de distribuer ses forces concentrées, pour lors, à Manille, elle ne put éviter que les « tagalos » n'occupent, après les avoir saccagés, plusieurs bourgs et villages où ils dominent encore actuellement.

Nous ne supposons pas un instant que les armées fédérales comptent au nombre de leurs victoires ou conquêtes ces usurpations des rebelles. D'abord, parce qu'une telle supposition leur ferait, en tout cas, bien peu d'honneur ; puis, parce que les insurgés eux-mêmes se sont chargés de dire dans un Congrès improvisé il y a peu de jours, que ces victoires douteuses étaient pour eux-mêmes, pour leur indépendance et souveraineté future dans l'Archipel. Victoires bien éphémères, certes, si l'Espagne avait pu profiter, en les distribuant, de ses moyens de défense, paralysés sur l'instance et par la pression du Gouvernement des États-Unis !

Le Gouvernement Fédéral ne peut donc considérer comme siens des triomphes plus ou moins légitimes, que ceux-là mêmes qui les ont obtenus déclarent être pour eux.

Comme on le voit, les forces fédérales n'avaient donc, à ce moment, d'autre position militaire acquise, à titre de conquête, que la baie de Manille.

Alors que le siège de la ville et le blocus naturel était maintenu, siège que les rebelles rétrécissaient aussi par terre, sans autre avantage matériel obtenu par les troupes de l'Union, le traité de paix préliminaire est signé le 12 Août. Aux termes de ce traité, les hostilités furent suspendues de la manière claire et formelle qui appert de l'article 6 qui dit comme suit : « *A la con-* « *clusion et à la signature de ce Protocole, les hostilités* « *entre les deux pays devront être suspendues...* »

C'est-à-dire que les hostilités sont suspendues et que l'on fixe le moment à partir duquel l'armistice engage les deux combattants.

La doctrine de tous les auteurs qui ont traité la matière est formelle et manifeste : aucun d'eux ne diffère. Et il est naturel qu'il en soit ainsi, alors qu'il s'agit de lois de morale internationale que ni les auteurs les plus insouciants n'ont osé discuter ni les peuples les plus rapaces n'ont jamais violé.

Depuis l'époque de l'antiquité classique, où la doctrine se formula par l'éloquente phrase : *Etiam hosti fides servanda est,* jusqu'au récent Congrès de Bruxelles, dans lequel des représentants scientifiques de tous les peuples civilisés formulèrent un Code ou des Lois pour la guerre, l'on a toujours consacré le principe que : « L'armistice « engage les stipulants dès le moment où il a été traité. « — Les autres, dès qu'ils en ont connaissance. « — Les troupes qui le violent par ignorance ne sont pas « directement responsables, mais le Souverain Contrac- « tant, qui avait le devoir de le publier, est tenu d'indem- « niser la partie préjudiciée. »

(Dudley-Field, Draft outlines of an International Code. — Grotius : Le droit de la guerre et de la paix. Liv. III, chap. 21. — Halleck : International Law § 344. — Helf- ter : Droit International Public § 142. — Phillimore : Commentaries upon International Laws, Vol. III, pag. 777. — Pradier Foderé : Traité de Droit Internatio- nal, Tom. VII, pag. 534 et suivantes).

La conséquence naturelle de cette doctrine est que « les faits de guerre réalisés après que l'armistice a été « conclu sont nuls et non avenus ». (Fiore, § 1599, Droit International Public. — Hall, pag. 520, Interna- tional Law, 1884).

Bluntschli (Le Droit International codifié § 709); Calvo (Droit International § 244); Kent : (Commentaries on american Law, pag. 378); Vattel : (Droit des gens, Liv. III, § 239) et Wheaton (Liv. IV, chap. 2, § 21), ajoutent pour compléter la pensée, l'obligation corrélative « de rendre les prises ou évacuer les forteresses et villes « capturées ou prises par les troupes qui ignorent la conclusion de la paix ».

L'application de ces principes démontre d'une manière évidente que tout ce que les troupes américaines ont fait dans la baie de Manille après le 12 Août, eussent- elles ou non la connaissance de l'armistice, est nul quant à la création de droits en faveur de la République

Américaine : que, par conséquent, toutes choses doivent être remises en l'état où elles se trouvaient ce jour-là.

Ainsi donc, la capitulation de Manille, intimée par les armes le 13 Août et effectuée le 14, est nulle quant aux effets du droit international.

Les États-Unis n'ont rien conquis : la prise de Manille est, nous le répétons, un fait réalisé en violation, involontaire cela se peut, d'un armistice. Elle n'a donc créé aucun titre en faveur du Gouvernement Fédéral : à tel point que, si la clause 3 du Protocole de Washington n'eût pas pacté son occupation, les États-Unis auraient eu à l'évacuer sans autre formalité.

À l'encontre de ces principes, jamais discutés par qui que ce soit, c'est un fait sans valeur que la place étant assiégée pendant la conclusion du traité préliminaire, cette partie ou phase de la guerre était virtuellement à exclure des conventions et restait, en quelque sorte, soumise à la solution que la victoire de l'un ou l'autre des combattants viendrait lui donner.

Bien que quiconque connaisse ce qui est arrivé ne peut prétendre pareille chose, il est bon de repousser cette idée et de dire que de tels pactes ne se présument pas : loin de là, c'est tout le contraire que l'on présume, étant donné que le premier effet, en fait et en droit, produit par les armistices (ou sinon ils cessent de l'être), c'est la suspension des hostilités dans toutes les opérations militaires et sur tous les territoires où elles ont lieu. Bien que les armistices ne constituent pas la paix, ils sont la paralisation complète de la guerre. L'interprétation à donner sur ce point est si restreinte, comme l'indique Pradier-Foderé (pag. 511, Tom. VII, ouv. cit.) que, pour juger le contraire, il fallut faire la réserve voulue dans les deux armistices les plus célèbres de l'histoire : celui entre la France et l'Allemagne le 28 Jan-

vier 1871 et celui entre la France, l'Angleterre et les
Pays-Bas en 1748. Dans tous deux, il y eut à stipuler
l'armistice général, à l'exception des opérations militaires
qui y furent indiquées en détail : celles du Jura, du
Doubs et de la Côte-d'Or, dans le premier; et, dans le
le second, celles de l'important siège de Maestricht, déjà
commencé.

Pour que les opérations du siège de Manille n'eussent
point été comprises dans l'armistice et pour que, par suite,
son occupation de guerre eût produit tous ses effets juridiques, il eût donc fallu le stipuler ainsi, d'une manière
formelle, dans le traité préliminaire de l'application
duquel il s'agit actuellement.

Nous terminerons cette partie de la question par
l'éclaircissement d'un point essentiel qui, bien que connu,
est néanmoins défiguré par ceux qui désirent trouver
dans la « capitulation » de Manille un titre à la souveraineté de l'Archipel des Philippines.

Il convient de dire, avant tout, que l'occupation de
Manille, celle de sa baie et de son port, par les forces du
Nord de l'Amérique, ne constitue pas l'occupation que la
pratique internationale et le droit reconnaissent comme
occupation de guerre, vu qu'elle a eu lieu pendant la paix
et n'est efficace et légitime que dans la partie qui répond
à la troisième convention du Protocole, c'est-à-dire qu'elle
n'est valable que pour ce qui est dit dans cette convention. Par son origine, par le fait de la reddition, pour
parler ainsi, elle est parfaitement nulle.

Le seul titre qui légitime aujourd'hui l'occupation militaire de Manille par les troupes fédérales est le traité.
Aux termes de ce traité, la seule chose qu'ont les États-
Unis, c'est ce que l'on nomme, en termes techniques,
comme nous le savons tous, *droit de garnison*. La différence de ce droit avec la soumission faite en bonne loi

ou avec la reddition en temps de guerre, est qu'il maintient intact le droit complet de souveraineté de l'État qui souffre l'intrusion armée.

Nous croyons inutile de nous étendre davantage sur cette partie si claire de nos commentaires en citant quelques-uns des nombreux exemples d'occupation que nous offre l'histoire. Ce qui précède suffit pour convaincre l'esprit le plus passionné que le triomphe militaire bien mesquin obtenu deux jours après la signature de l'armistice par une armée de terre et de mer puissante et bien équipée, contre une capitale assiégée pendant trois mois consécutifs sans se défendre, n'est point un titre légitime pour réclamer la souveraineté des Philippines et pas même celle de Manille.

Il est donc prouvé jusqu'à l'évidence que, d'après le texte et l'esprit du Protocole, les États-Unis n'ont aucun droit à alléguer pour la souveraineté des Iles Philippines. Les faits que nous avons esquissés avec une froide impartialité se chargent également de démontrer qu'ils ne peuvent non plus fonder leur pétition sur le droit de conquête.

Nous répétons donc ce qui a été dit plus haut. Le Gouvernement Fédéral pourra, dans le traité projeté, proposer à l'Espagne la cession volontaire de l'Archipel, à des conditions à convenir. Si par hasard les propositions de l'Union ne remplissent pas les désirs de la souveraine légitime des Iles, le tout se réduira à une proposition faite et non acceptée, sans conséquence ultérieure, ainsi qu'il arrive dans tous les actes de libre contractation entre Nations.

Cela étant, l'on déduit de toutes les circonstances qui entourent la pétition des Iles Philippines, faite par le Gouvernement des États-Unis, un caractère d'imposition tel que, bien qu'il soit le distinctif fréquent des vainqueurs, il n'en est pas moins la plus haute expression de l'abus de pouvoir et de l'injustice.

La facilité naturelle avec laquelle la paix a été accueillie par le peuple espagnol, bien éprouvé à l'époque actuelle, aussi bien que la réserve et la passivité des Nations du Continent Européen, ont assurément fait concevoir dans un principe au Gouvernement Fédéral l'idée, dans laquelle il a été encouragé, de profiter de la situation avantageuse où se trouvent actuellement placés tous ses moyens de combat, tout en donnant les apparences de légitimité d'un traité imposé par la menace, pour s'emparer de cet immense Archipel, source inépuisable de richesse dans la Mer d'Orient et position stratégique convoitée avec ardeur par quiconque aspire à dominer ou à avoir de l'influence dans le Sud du Continent Asiatique.

III. — Cette attitude du Gouvernement des États-Unis nous suggère quelques réflexions que nous ferons pour clore cette rapide étude.

La nouvelle phase dans laquelle le Gouvernement Américain commence à faire entrer sa politique extérieure est un phénomène que les indifférents observent avec curiosité et les Puissances Européennes assurément avec étonnement.

Peu de temps après sa fondation, grâce à sa richesse et à la fertilité exubérante du sol américain qu'il s'annexait par la force ou à titre d'achat, il a élargi et complété, par des victoires bien peu coûteuses, son empire colonial jusqu'à la mer des Antilles. Ainsi s'accomplit la doctrine, célèbre pour plus d'un motif, de son Président Monroë. Et néanmoins en intervenant d'abord, puis en conquérant les Antilles espagnoles et autres Colonies qui avaient appartenu à d'autres puissances d'Europe, les États-Unis allèrent en grande partie à l'encontre de cette même doctrine à laquelle ils avaient rendu un culte si fervent. Dans le débat qu'ils soutiennent actuellement, dans lequel ils cherchent un résultat qui comble leurs désirs, le Nouveau Monde est désormais petit pour leurs ambitions : ils se lancent par la voie de la force et de la conquête dans les mers d'Orient.

Nous ignorons comment se terminera le traité de paix qui se discute actuellement, mais, il est bon d'observer, dans les préparatifs de la guerre d'abord, puis dans les antécédents de la Convention préliminaire et maintenant dans les détails de l'élaboration du traité définitif, la conduite spéciale du Gouvernement Fédéral et l'astuce qu'il déploie, digne seulement des relations internationales des peuples de l'ancien Orient. Dans le cours de ces événements, l'on voit comment, peu à peu, il a préparé la réalisation de ses plans d'empire. — Les États-Unis commencent la guerre en proclamant seulement l'indépendance de Cuba. Puis, ils bornent en apparence leur action militaire à la Mer des Antilles. Ce n'est que comme moyen d'hostiliser, disent-ils, qu'ils doivent attaquer l'Orient et ils le font en y obtenant une victoire improvisée. Ils conviennent la paix préliminaire ; ils y demandent et obtiennent, en outre de l'indépendance de l'Île de Cuba, but unique ostensible qu'ils se sont tracé avec la guerre, la souveraineté de Puerto Rico et de toutes les Îles Espagnoles de la Mer des Antilles. Alors, d'une manière qui passe inaperçue pour le lecteur, ils posent le premier jalon dans la Mer d'Orient et demandent à titre de surplus d'indemnité de guerre une seule île dans l'Archipel Espagnol des Mariannes ou Ladrones et indiquent plus tard celle de Guam, qui, à n'en pas douter, est la plus grande de toute cette zone. Cette désignation de l'Île de Guam a en outre une autre signification très

éloquente : il semble que de cette manière se complète
avec une exactitude commerciale le calcul des frais de la
guerre et des réclamations des sujets américains, somme
qu'apparemment les riches colonies des Antilles ne suffisaient pas à couvrir complètement. Que cette légère observation serve de démenti formel à ceux qui affirment
timidement que le Gouvernement de l'Union demande
la cession des Iles Philippines à titre d'indemnité de
guerre.

Depuis la signature du traité, c'est-à-dire depuis le
12 Août, ils paralysent l'action de l'Espagne, sous prétexte d'observance de l'armistice. Ils vont jusqu'à l'empêcher, au mépris de sa souveraineté, de rétablir l'ordre
dans l'Archipel où, grâce à cette politique, l'insurrection
prend un grand essor.

En l'état, alors que l'Espagne commence à remplir
loyalement dans les Antilles les engagements pris en
retirant les énormes moyens de guerre qui y étaient accu-
mulés ; alors qu'aux Philipines l'insurrection triomphe,
grâce aux secours que les « tagalos » reçoivent directement du Gouvernement Fédéral et à ceux indirects que
leur procure sa conduite en évitant que l'Espagne n'em-
ploie ses troupes, indûment faites prisonnières dans la
capitulation de Manille, les négociations définitives
s'ouvrent à Paris. Cédant à cette politique d'expansion
qui peut aussi bien être l'enseigne d'un parti dans la
Nation Fédérale que, peut-être, une folie qui l'achève,
ils découvrent complètement le plan préconçu et prétendent que, d'après le traité préliminaire du 12 Août de
cette année, ils peuvent réclamer, comme ils la réclament,
la possession de la totalité de l'Archipel des Philippines.
Ainsi l'affirme la presse de tous les pays et en particulier
la presse américaine.

C'est là une gradation bien digne d'étude et le Gouvernement de l'Union a donné à ses relations militaires d'abord, diplomatiques plus tard et contractuelles ensuite, une forme certes bien adaptée à sa politique spéciale, pour mettre en pratique ses plans de conquête.

Rompre complètement avec sa propre histoire, ne pas respecter les traditions de ses grands législateurs et bouleverser les moyens de vie internationale par lesquels s'est constamment développé un peuple comme les États-Unis, signifiait un changement radical que l'on ne pouvait initier et publier à la face du monde, qu'à l'abri d'une idée grande et noble qui le justifiât.

Il fallut donc une enseigne, un programme dont le seul énoncé mette obstacle à tout commentaire. Le Gouvernement Fédéral d'abord, ses Chambres ensuite, le trouvèrent dans l'idée, toujours grande et noble, de protection à l'opprimé, de secours au faible. Dès lors, les conquêtes de ses armes, les habiletés de sa diplomatie marcheront à l'abri des principes d'humanité.

L'observation des principes humanitaires pour lesquels se sacrifient les États-Unis pourrait nous mener loin. Bien que nous ne puissions en appeler au témoignage de faits nombreux de son histoire, car l'on sait bien qu'il s'agit d'un peuple nouveau qui n'en a pas, nous en signalerons deux qui suffisent pour inspirer à ceux qui sont les plus indifférents à leur débat actuel, quelque méfiance sur la sincérité des desseins de l'Union Fédérale qui, prise de la manie bien connue des grandeurs, maladie très fréquente des peuples pendant l'époque de leur développement maximum, de même qu'en souffrent les individus au milieu des Sociétés les plus avancées, assure que l'unique fin qui la guide est de tirer de leur état d'abattement et précaire les Cubains dans la Mer des Antilles. et les « tagalos » dans la Mer d'Orient.

Si les uns et les autres avaient une vie propre et indépendante, si les deux peuples souffraient les conséquences de l'anarchie ou étaient plongés dans la barbarie, le désir du Gouvernement Fédéral s'expliquerait parfaitement. Si même, en ne se trouvant pas dans de telles conditions et, malgré qu'ils soient sujets d'une Nation Européenne, le système politique et le degré de civilisation des États-Unis étaient arrivés à un degré de pureté et de supériorité sur la souveraineté dominante dans les deux contrées, degré tel que l'intervention du Gouvernement Fédéral pour le bien des Colonies Espagnoles devînt, non plus excusable, mais bien nécessaire, nous ne dirions rien non plus. Mais, comme il n'y a lieu à aucune de ces deux hypothèses, il est bon de signaler le fait pour que les Nations qui ont des intérêts à sauvegarder dans les deux mers, prennent note de ce protectorat tutélaire que le Gouvernement de l'Union Américaine offre à tous les faibles et opprimés.

Nous disons que cette intention inusitée de protéger et de civiliser qui, d'une façon si inopinée, s'est emparée de la Grande République, s'expliquerait, sinon s'excuserait, si les sujets des Colonies qu'elle va libérer étaient dans un état d'infortune tel que cela fût nécessaire et justifiât son ingérence ou celle de toute autre nation ayant peut-être plus de titres qu'elle, étant donnés son histoire et son niveau intellectuel plus élevé.

Mais, les habitants des Iles Philippines et de la Mer des Antilles étaient-ils victimes de la souveraineté de l'Espagne?

Pour ce qui est de Cuba, nous avons dit plus que de raison. Quant aux Philippines, qu'il nous suffise de faire remarquer que, depuis que l'Espagne a occupé l'Archipel, le progrès matériel de cette Colonie n'a peut-être pas répondu aux besoins de la Métropole, mais assurément il a surpassé de beaucoup ceux des indigènes qui la peuplaient alors. La démonstration en est bien simple.

Le Gouvernement a admis les aborigènes dans tous les détails de la vie civile; tous occupent des emplois publics, la plupart de caractère technique. Suivant les exemples de la religion chrétienne, il les a chargés des fonctions paroissiales; un bon nombre d'entr'eux se font gloire de titres académiques obtenus dans des Universités qui fonctionnent dans l'Archipel; le commerce se fait en majeure partie par des indigènes et tous, dans les diverses branches de l'administration, remplissent des fonctions qui, chez les peuples les plus avancés, sont confiées aux sujets sans distinction de provenance.

L'insurrection actuelle elle-même est une dernière preuve du progrès relatif de cette race. Ils y témoignent d'aspirations d'une race dominatrice, et l'on sait que les peuples ne peuvent le devenir que lorsqu'ils acquièrent une certaine possession d'eux-mêmes qui les place intellectuellement, tout au moins, au niveau de ceux qui exercent une souveraineté. Les opérations militaires que les « tagalos » ont conduites pendant leur rébellion ont dit assez clairement que, bien qu'ils soient loin d'être arrivés à un degré complet de perfection, il ne s'agit pas d'une race aussi arriérée qu'on le prétend. Ce progrès dans leur culture, produit de l'égalité mise en pratique dans ses colonies par l'Espagne, qui est certainement l'un des peuples les plus démocratiques du Vieux Continent, ne se rencontre pas dans toutes les institutions du peuple américain. En effet, dans aucune province coloniale espagnole on n'a encore rendu d'ordonnance spéciale prohibant aux races de couleur de jouir des droits que l'on ne refuse pas aux autres.

L'action civilisatrice de l'Espagne s'est étendue en outre au développement de la population indigène à tel point que, très réduite dans ses commencements, aujourd'hui la race aborigène parfaitement pure s'est conservée et améliorée jusqu'à atteindre le chiffre considérable de 8 millions d'habitants.

On ne connait pas le nombre d'Indiens qui peuplaient l'Amérique du Nord lorsque, pour la première fois les pèlerins du *Mayflower* y mirent le pied : mais, nous pouvons assurer que, grâce à son administration patriarcale, à ses principes humanitaires et à ses lois profondément civilisatrices, ces belles races indiennes qui, par défense formelle de la race anglo-saxonne, ne se mêlèrent jamais à aucun de ses individus; ces Indiens qui jamais ne purent aspirer à la jouissance d'aucun droit dans l'Union et qui peuplaient des contrées aussi étendues que l'Europe, n'étaient en 1852 que 400,000 ; en 1886, ils n'étaient plus que 300 000 et en 1870 à peine 200,000, d'après le témoignage autorisé d'historiens aussi sérieux que Jannet, Astier et Carlier.

Qu'il nous soit ici permis d'appeler l'attention sur ce fait que l'Espagne exerçait aussi sa sage protection et sa souveraineté sur les mêmes terrains dont les États-Unis eurent plus tard la jouissance : nous voulons parler du Canada. Lors de l'administration de l'Espagne dans cette zone éloignée, ces mêmes Indiens vécurent de la vie sédentaire du laboureur, se réunissant dans des bourgades, s'ouvrant à la civilisation et progressant à tel point que, grâce aux nombreuses unions légitimes qu'ils contractaient et à la régularisation de la propriété, ils fondèrent des villes populeuses où les races primitives eurent une grande supériorité.

Tout cela disparut devant la civilisation du Gouvernement Fédéral. Il est vrai que, malgré les exemples que l'Espagne a légués à la postérité dans les colonies qui furent à elle et sous le régime desquelles furent en renom des hommes de la race originaire aussi éminents et d'un esprit aussi cultivé que Juarez, entre cent autres que l'on pourrait citer, les directeurs de la politique et les hommes de parti de l'Union disent que la race indienne n'est pas susceptible de civilisation, vu qu'elle est éminemment nomade.

Ce dernier fait que nous signalons suffit pour justifier notre affirmation que les États-Unis n'ont pas devant l'histoire une autorité morale suffisante pour remplir leur nouveau rôle humanitaire de libérateurs des colons de l'Espagne en Orient et en Occident. La politique civilisatrice du Gouvernement Fédéral, en présence de la seule race qu'elle a pu perfectionner, n'est point, en vérité, un modèle à recommander aux autres pays.

Cela étant, est-ce qu'indépendamment, le Gouvernement Américain juge qu'il est si parfait et si supérieur aux autres gouvernements de l'Europe, et en particulier à celui de l'Espagne, qu'il considère comme un devoir de lui apprendre et de lui imposer ses propres idées d'humanité et de douce protection au délaissé ?

A cette question, nous répondons involontairement par les souvenirs de ses guerres civiles, guerres dans lesquelles, sans aucun doute, se particularise et se distingue le plus le sentiment de charité chez les hommes et chez les peuples, parce que, comme le dit Laurent, c'est là que les passions se montrent avec le plus d'intensité. Il nous faudra chasser de la mémoire les massacres de la vallée de Senandoah, exécutés par Sheridan, et les horreurs de la Georgie, détruite par Sherman.

Certes, ces deux faits de sa récente histoire ne sont pas des exemples de charité. On ne peut pas non plus présenter comme modèle achevé de conduite politique et militaire, celle qu'ils observent dans la baie de Manille ; tout le monde connaît la manière dont les États-Unis y ont profité, en leur faveur et au préjudice de l'Espagne, de l'armistice que celle-ci observe noblement. Aussi, et c'est avec un véritable regret que nous le disons, nous ne pouvons pas non plus trouver dans la supériorité et perfection du Gouvernement Fédéral, un titre suffisant pour l'autoriser à entreprendre, de lui-même et sans crainte des autres Puissances, la tâche humanitaire qu'il s'est imposée.

Et bien qu'une pareille attitude paraîtrait prématurée à tous, elle ne serait suspecte à personne, si, à côté de la première campagne de rédemption initiée par l'Union Américaine, elle ne s'annexait, soit à titre de protection, soit comme indemnité de guerre, soit parce qu'elle est la plus forte, des territoires aussi étendus que Cuba, Puerto Rico et les Philippines qui, ensemble, mesurent 428,000 kilomètres carrés, à l'apogée de leur production et peuplés de 11,000,000 d'habitants.

La seule nation qui, plus ou moins publiquement, n'a pas protesté contre une semblable politique a été l'Angleterre, malgré que son commerce avec les Philippines, alors qu'elles étaient au pouvoir de l'Espagne, était de 52 millions par an, c'est-à-dire supérieur de deux millions au total atteint, à la même époque, par la Métropole elle-même et beaucoup plus considérable, par conséquent, que le commerce insignifiant que les États-Unis ont eu jusqu'à ce jour dans cette région.

Bien que parfaitement en harmonie avec les traditions de la Grande-Bretagne, ce fait ne nous en appelle pas moins l'attention et, en sa présence, il faut forcément croire à l'entente, bien transparente déjà, de deux pays unis par l'intérêt mutuel de race et de domination.

L'immense empire colonial de l'Angleterre, joint aux possessions que la République du Nord de l'Amérique prétend maintenant acquérir et qui, par leur situation stratégique, sont de premier ordre, menace une chose qui intéresse toutes les Nations. C'est une menace pour la liberté des mers qui, à l'époque moderne, telle que se trouve organisée la vie de relation des peuples, représente le moyen de les dominer tous, en empêchant leur commerce et en les attirant, en cas de conflit, sur un champ de combat où la déroute des deux puissances unies serait bien difficile.

Aujourd'hui que les Nations européennes font tous leurs efforts pour arriver au désarmement des armées de terre et dirigent dans ce sens les courants de leur politique extérieure, il est bon qu'elles fixent leurs regards sur les formidables armements maritimes des États-Unis et de l'Angleterre, armements qui, joints aux possessions qu'ils ont actuellement et qu'ils prétendent acquérir, mettront en leurs mains les clés de la navigation sur toutes les mers et soumettront à leur caprice la paix et la guerre dans le Nouveau Continent et dans le Vieux, où peut-être, dans l'avenir, les deux alliés auront occasion d'appliquer leurs charitables pratiques d'humanité.

Nous terminerons donc, en remplissant un devoir que la conscience impose à tout homme de bonne volonté qui observe un danger sur le chemin de la paix universelle. Le drapeau blanc de la charité et des sentiments humanitaires entre partout : il est accueilli par tous avec amour et respect; mais, il est de l'intérêt des peuples d'éviter qu'à son abri et couverte par lui, n'entre également la dangereuse contrebande de la convoitise.

PROTOCOLE

Son Excellence M. Jules Cambon, Ambassadeur Extraordinaire et Plénipotentiaire de la République Française à Washington, et William R. Day, Secrétaire d'État des États-Unis, ayant respectivement reçu à cet effet pleine autorisation du Gouvernement des États-Unis, ont conclu et signé les articles suivants qui précisent les termes sur lesquels les deux Gouvernements se sont mis d'accord en ce qui concerne les questions ci-après désignées et ayant pour objet l'établissement de la paix entre les deux pays, savoir :

Article I

L'Espagne renoncera à toute prétention à sa souveraineté et à tout droit sur Cuba.

Article II

L'Espagne cédera aux États-Unis l'île de Porto-Rico et les autres îles actuellement sous la souveraineté Espagnole dans les Indes Occidentales, ainsi qu'une île dans les Ladrones qui sera choisie par les États-Unis.

Article III

Les États-Unis occuperont et tiendront la ville, la baie et le port de Manille, en attendant la conclusion d'un traité de paix qui devra déterminer le contrôle, la disposition et le Gouvernement des Philippines.

Article IV

L'Espagne évacuera immédiatement Cuba, Porto-Rico et les autres îles actuellement sous la souveraineté Espagnole dans les Indes Occidentales; à cet effet, chacun des deux Gouvernements nommera, dans les dix jours qui suivront la signature de ce Protocole, des commissaires, et les commissaires ainsi nommés devront, dans les trente jours qui suivront la signature de ce Protocole, se rencontrer à la Havane, afin d'arranger et d'exécuter les détails de l'évacuation susmen-

---

PROTOCOL

His Excellency Jules Cambon, Ambassador Extraordinary and Plenipotentiary of the Republic of France at Washington, and William R. Day, Secretary of State of the United States respectively possessing for this purpose full authority from the Government of the United States, have concluded and signed the following articles embodying the terms on which the two Governments have agreed in respect to the matters hereinafter set forth, having in view the establishment of peace between the two countries, that is to say.

Article I

Spain will relinquish all claim of sovereignty over and title to Cuba.

Article II

Spain will cede to the United States the island of Porto-Rico and other islands now under Spanish sovereignty in the West Indies and also an island in the Ladrones to be selected by the United States.

Article III

The United States will occupy and hold the city, bay and harbour of Manila pending the conclusion of a treaty of peace which shall determine the control, disposition and Government of the Philippines.

Article IV

Spain will immediately evacuate Cuba, Porto-Rico and other islands now under Spanish sovereignty in the west Indies; and to this end each Government will within ten days after the signing of this Protocol appoint commissioners and the commissioners so appointed shall within thirty days after the signing of this Protocol, meet at Havana for the purpose of arranging and carrying out the details of the aforesaid evacuation of Cuba and the adja-

---

PROTOCOLO

Su Excelencia Monsieur Julio Cambon, Embajador Extraordinario y Plenipotenciario de la República Francesa en Washington y William R. Day, Secretario de Estado de los Estados Unidos, habiendo recibido respectivamente al efecto plenos poderes del Gobierno de España y del Gobierno de los Estados Unidos, han formulado y firmado los artículos siguientes que precisan los términos en que ambos Gobiernos se han puesto de acuerdo relativamente à las cuestiones abajo designadas que tienen por objeto el establecimiento de la paz entre los dos Países, à saber :

Artículo 1.º

España renunciará à toda pretensión à su soberanía y à todos sus derechos sobre la isla de Cuba.

Artículo 2.º

España cederá à los Estados Unidos la isla de Puerto Rico y las demás Islas que actualmente se encuentran bajo la soberanía española o las Indias Occidentales, así como una isla en las Ladrones, que será escogida por los Estados Unidos.

Artículo 3.º

Los Estados Unidos ocuparán y conservarán la ciudad, la bahía y el puerto de Manila, en espera de la conclusión de un tratado de paz que deberá determinar la intervención (contrôle), la disposición y el gobierno de las Islas Filipinas.

Artículo 4.º

España evacuará inmediatamente Cuba, Puerto Rico y las demás islas que se encuentran actualmente bajo la soberanía de España en las Indias Occidentales; con este objeto cada uno de los dos Gobiernos nombrará comisarios en los diez días que seguirán à la firma de este Protocolo y los comisarios así nombrados deberán en los treinta días que seguirán à la firma de este Protocolo encontrarse en la Habana à fin de convenir y ejecutar los detalles de la eva-

tionnée de Cuba et des îles Espagnoles adjacentes; et chacun des deux Gouvernements nommera également, dans les dix jours qui suivront la signature de ce Protocole, d'autres commissaires qui devront, dans les trente jours de la signature de ce Protocole se rencontrer à San Juan de Porto-Rico afin d'arranger et d'exécuter les détails de l'évacuation susmentionnée de Porto-Rico et des autres îles actuellement sous la souveraineté Espagnole dans les Indes Occidentales.

ARTICLE V

L'Espagne et les États-Unis nommeront, pour traiter de la paix, cinq commissaires au plus pour chaque pays; les commissaires ainsi nommés devront se rencontrer à Paris le 1er Octobre 1898, au plus tard, et procéder à la négociation et à la conclusion d'un traité de paix; ce traité sera sujet à ratification, selon les formes constitutionnelles de chacun des deux pays.

ARTICLE VI

A la conclusion et à la signature de ce Protocole, les hostilités entre les deux pays devront être suspendues, et des ordres à cet effet devront être donnés aussitôt que possible par chacun des deux Gouvernements aux commandants de ses forces de terre et de mer.

Fait à Washington en double exemplaire français et anglais par les sous signés qui y ont apposé leur signature et leur sceau, le 12 Août 1898.—Jules Cambon.—William R. Day.

cent Spanish islands; and each Government will, within ten days after the signing of this Protocol, also appoint other Commissioners, who shall, within thirty days after the signing of this Protocol, meet at San Juan in Porto-Rico, for the purpose of arranging and carrying out the details of the aforesaid evacuation of Porto-Rico and other islands now under Spanish sovereignty in the West Indies.

ARTICLE V

Spain and the United States will each appoint not more than five commissioners to treat of peace, and the commissioners so appointed shall meet at Paris not later than October 1, 1898, and proceed to the negotiation and conclusion of a treaty of peace which treaty shall be subject to ratification according to the respective constitutional forms of the two countries.

ARTICLE VI

Upon the conclusion and signing of this Protocol, hostilities between the two countries shall be suspended, and notice to that effect shall be given as soon as possible by each Government to the commanders of its military and naval forces.

Done at Washington, in duplicate, in French, and in English by the Undersigned who have hereunto set their hands and seals, the 12th day of August 1898. — Jules Cambon. — William R. Day.

cuación ya mencionada de Cuba y de las islas españolas adyacentes; y cada uno de los dos Gobiernos nombrará igualmente en os diez días siguientes al de la firma de este Protocolo otros comisarios que deberán, en los treinta días que seguirán á la firma de este Protocolo, encontrarse en San Juan de Puerto Rico á fin de convenir y ejecutar los detalles de la evacuación antes mencionada de Puerto Rico y de las demás islas que se encuentran actualmente bajo la soberanía española en las Indias Occidentales.

Artículo 5.º

España y los Estados Unidos nombrarán para tratar de la paz cinco comisarios á lo más por cada País; los comisarios así nombrados deberán encontrarse en París el primero de Octubre de mil ochocientos noventa y ocho lo más tarde y proceder á la negociación y á la conclusión de un tratado de paz; este tratado quedará sujeto á ratificación con arreglo á las formas constitucionales de cada uno de ambos Países.

Artículo 6.º

Una vez terminado y firmado este Protocolo deberán suspenderse las hostilidades en los dos Países; á este efecto se deberán dar órdenes por cada uno de los dos Gobiernos á los Jefes de sus fuerzas de mar y tierra tan pronto como sea posible.

Hecho en Washington por duplicado en francés é inglés por los infrascritos que ponen al pie tu firma y sella, el 12 de Agosto de 1898. — Jules Cambon. — William R. Day.